만화로 보는
커피 아카데미

저자 손여은

인사말 ---------------------------- 정답이 없는 것이 정답인 커피

커피는 "기호식품" 이다.

커피를 하는 사람이라면 제일 어려운 것이 같은 생두로 똑같은 커피 맛을 내리기 어렵다는 것이다.

똑같은 커피에 가까워지기 위해 많은 장비를 갖추고 수만 가지 시행착오를 거쳐도
같은 맛을 내기 어려운 것이 커피다.

물론 강배전으로 갈수록 커피 본연의 맛이 없어지며
흔히 아는 태운 커피로써 일정한 맛을 내어 속임수로 많이들 사용하지만
건강에 좋지 않고, 탄소 배출로 인한 환경요인으로 많은 이슈를 가지고 있기도 한다.

커피를 아는 지식인이라면 커피 열매의 생두 본연의 맛을 갈구하는
끊임없는 갈증이 있을 것이다.

이제는 지구환경 요인으로 인한 생두 수확량이 점점 줄어드는 추세이다.

갈수록 점점 귀해지는 생두를 그저 강배전으로 태운 카페인 목적으로 마실 것인지
수많은 역사가 깃든 지식의 음료로 마실 것인지 선택은 우리에게 달려있다.
그렇다고 이것이 나쁘고, 저것이 옳다는 게 아니다.

종교인들이 잠을 깨고 기도를 위해 카페인을 섭취하여 더 발전된 것처럼
일상의 에너지를 위해, 또는 맛을 탐구하는 지식인을 위해
모두 존중하고 이해하는 것이

커피 하는 사람으로서의
기본 마음가짐이라 생각한다.

마지막으로 이 책을 출판하도록 도와 주신 서석호 선생님께 감사드립니다.

2024년 2월
저자 손여은 드림

차 례

만화로 보는 커피 아카데미

바리스타 2급 실습편

핸드드립 기초편

바리스타 1급 기초편

만화로 보는 커피 아카데미

목 차

by 커피 아카데미

바리스타 2급

실습편

by 커피 아카데미

1. 명칭 외우기

그라인더(반자동)

넉박스

패킹매트

템퍼

2그룹 에스프레소 반자동 머신

포터필터

마카롱 템퍼

샷글라스

라떼 잔

스팀피쳐
(밀크피쳐)

데미타세

2. 준비

- ✓ 단정한 복장
- ✓ 수건 5장
- ✓ 다림질한 앞치마
- ✓ 다림질한 린넨
앞치마 왼편에 걸치기

셋팅

✓ 차갑게 젖은 수건 2장

✓ 스팀파이프 밑 마른 수건 1장

✓ 마른 수건 2장

✓ 티스푼 8개, 스팀피쳐 3개, 계량컵, 우유 1팩

✓ 스팀파이프, 호퍼 스톱퍼가 들어가있는지 확인

감독관님 바라보며
Sign 받으면
오른손 들고
"준비하겠습니다."
감독관 : 네~, 준비하세요.
뒤돌아가서 시작

그라인더 작동 확인 + 청소

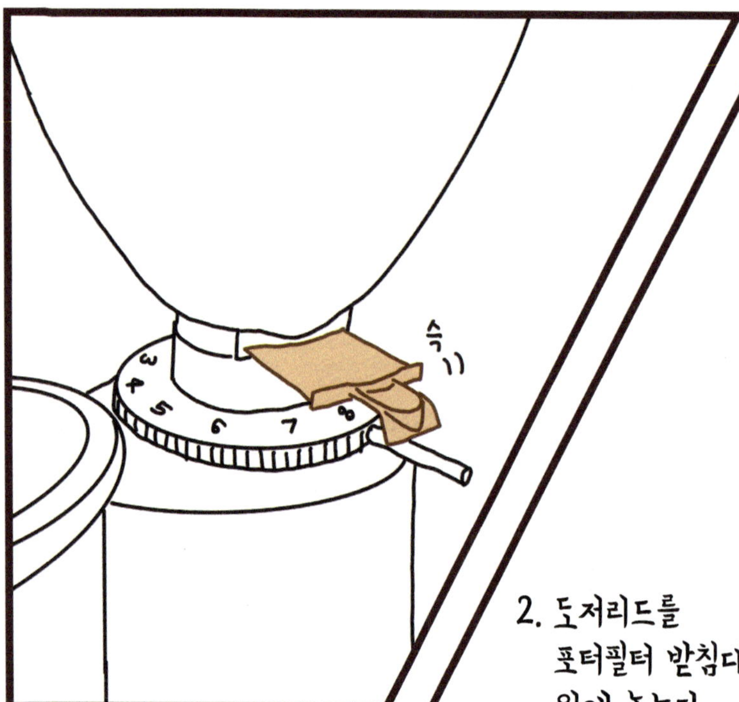

1. 호퍼 스톱퍼를 연다.

2. 도저리드를
포터필터 받침대
위에 놓는다.

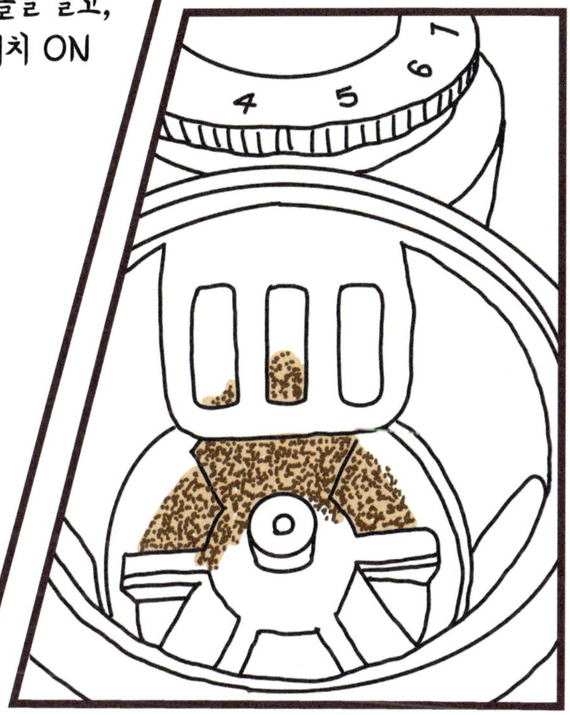

4. 도저 통 안에 가루 나오는지
확인 후 전원 OFF

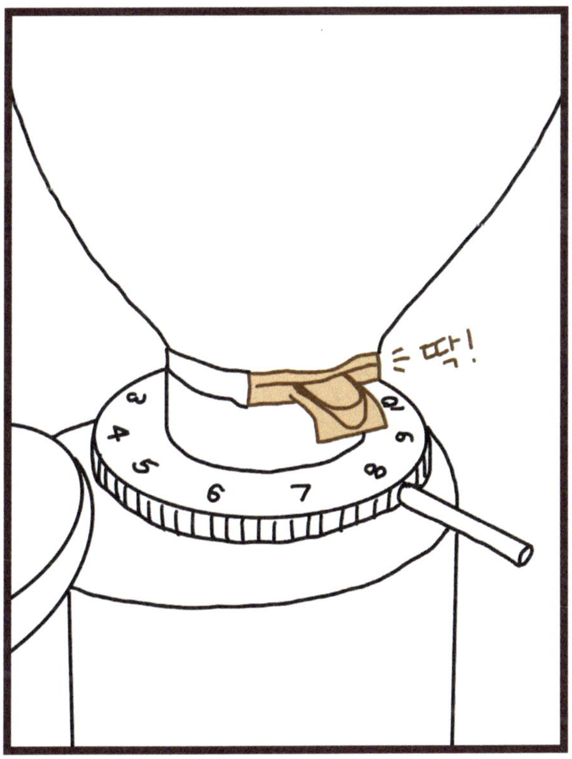

5. 호퍼스틉퍼를 닫는다.

Check point

준비과정은
앞 순서가 틀려도
중간에 수정하면
됩니다.

6. 도징 레버 앞뒤로 빠르게 움직이며 커피가루 내리기

7. 도저통 안을 솔질해주며
커피가루 완전히 내리기

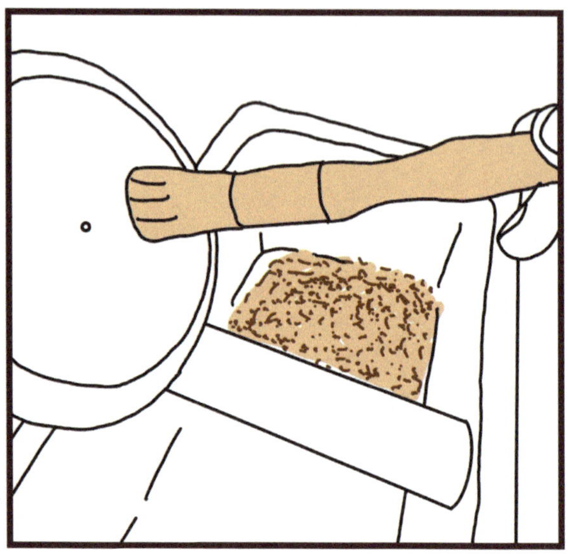

8. 넉박스에 커피가루 솔질하며 버리기

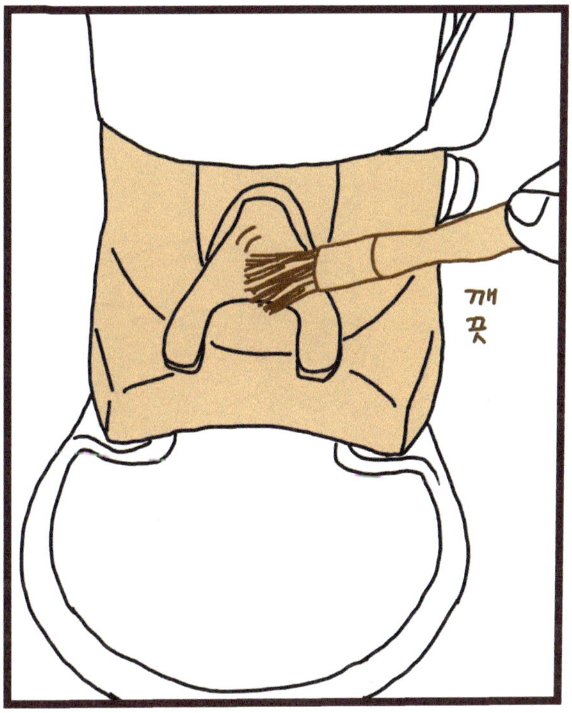

9. 포터필터 받침대와 주변 솔질하기

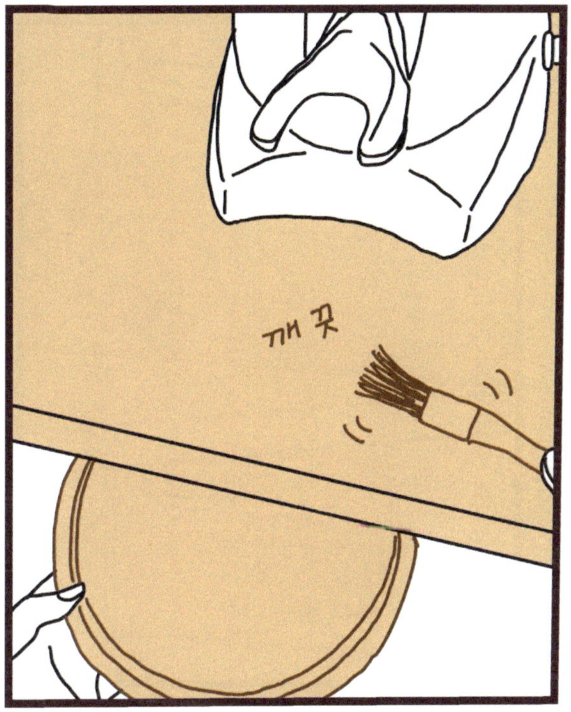

10. 커피가루 받침대를 이용하여 책상 솔질 후 넉박스에 가루 버리기

11. 템퍼를 스팀파이프 밑 마른수건 위에 두기

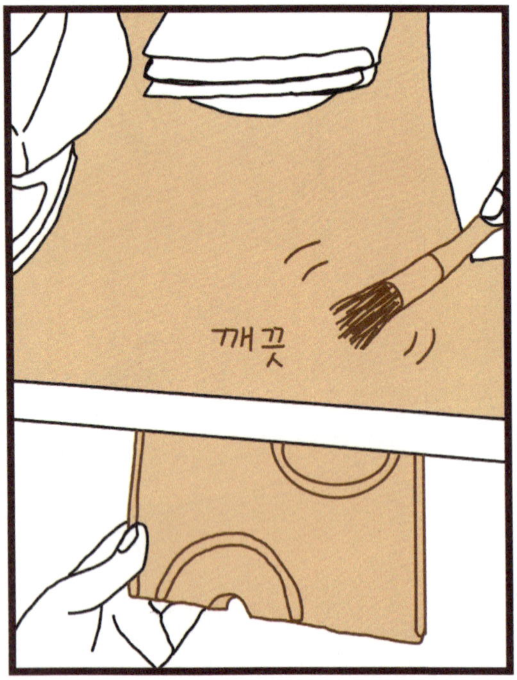

12. 패킹매트를 이용하여 책상 솔질

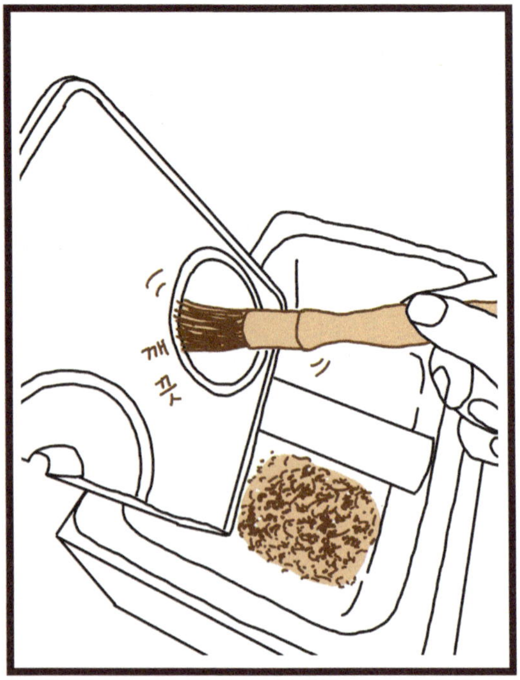

13. 패킹매트 위 가루들 넉박스에 버리기

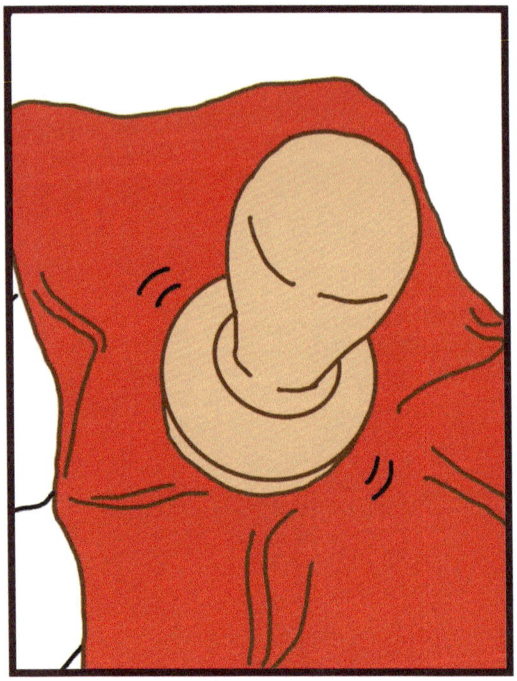

14. 템퍼 린넨으로 닦기

15. 템퍼, 솔 제자리

에스프레소 머신 작동 확인

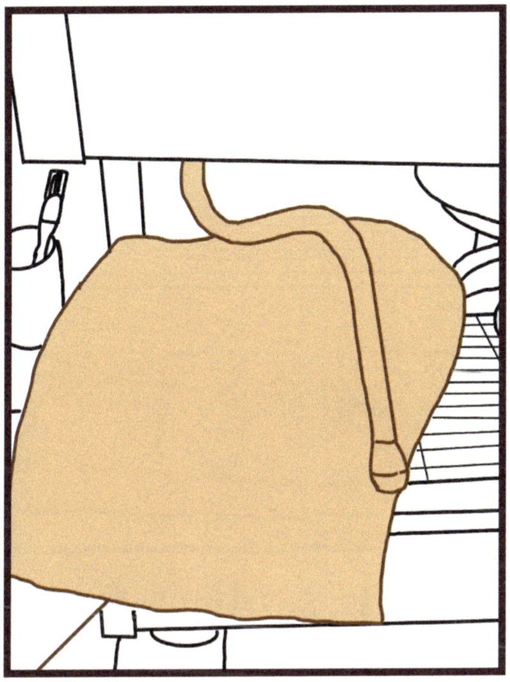

1. 젖은 수건으로 스팀파이프 꺼내

2. 스팀파이프 윗부분을 잡아서

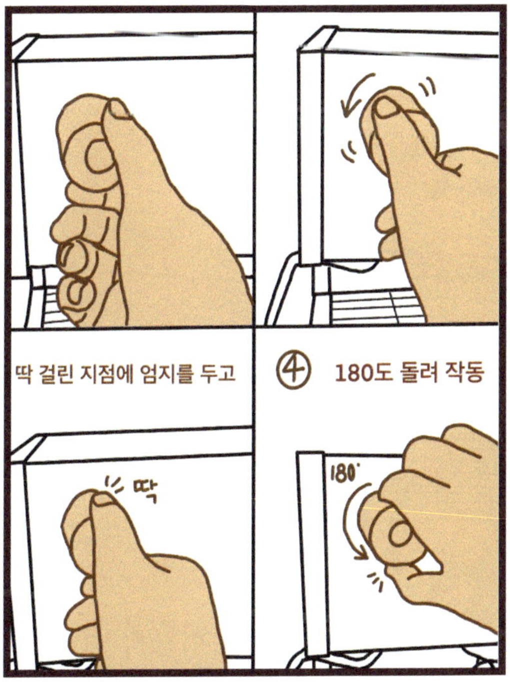

3. 스팀파이프 스위치를

4. 잘 작동시켜 3번 시도

5. 스팀파이프 닦아주며
젖은 수건 제자리

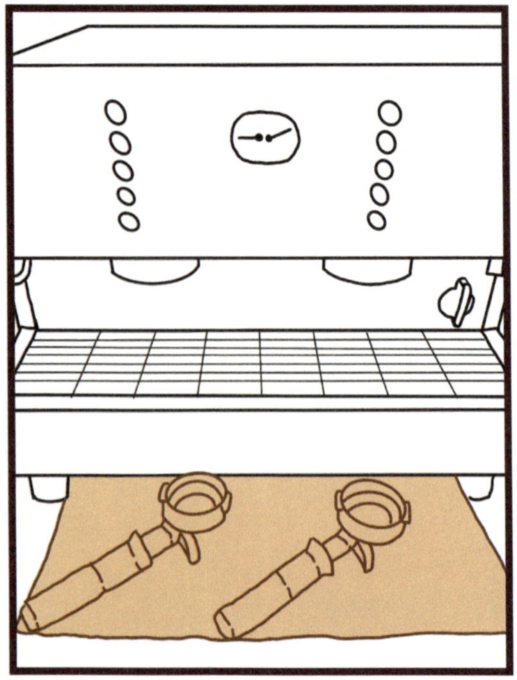

6. 포터필터 2개 린넨 위에
하나씩 내리기

7. 테스터 버튼 각각
3초씩 물 내려보기

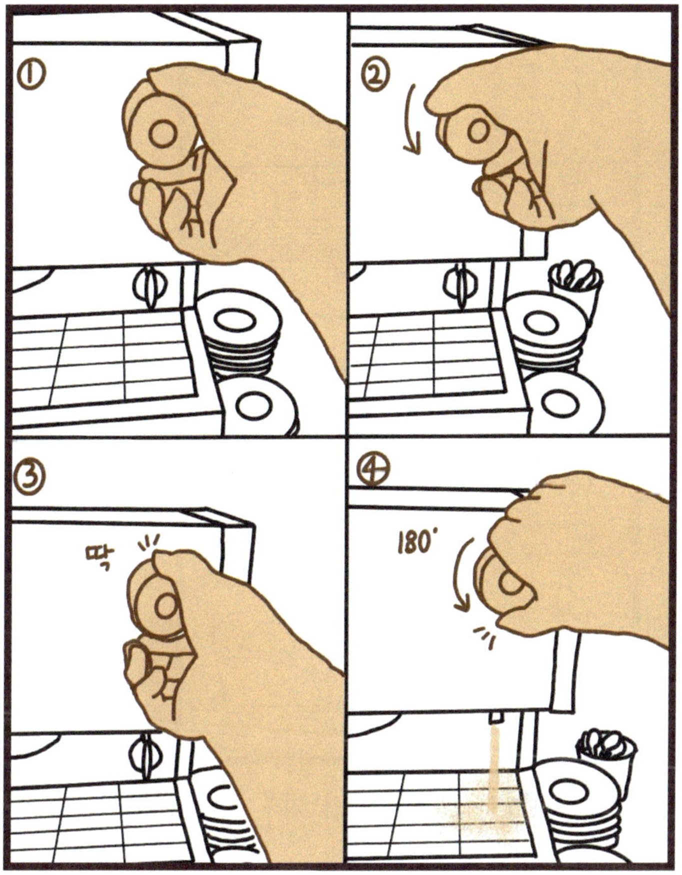

8. 온수 스위치를
스팀파이프 스위치
처럼 켜서
물 3초 내려보기

9. 기계 물기 마른 수건으로 슥 닦아주기 (다치지 않게 주의)

10. 포터필터 린넨으로 하나씩 닦아 그룹헤드에 끼우기

청결 확인

1. 샷글라스 2잔 청결 확인 후
   1oz(온즈) 앞으로

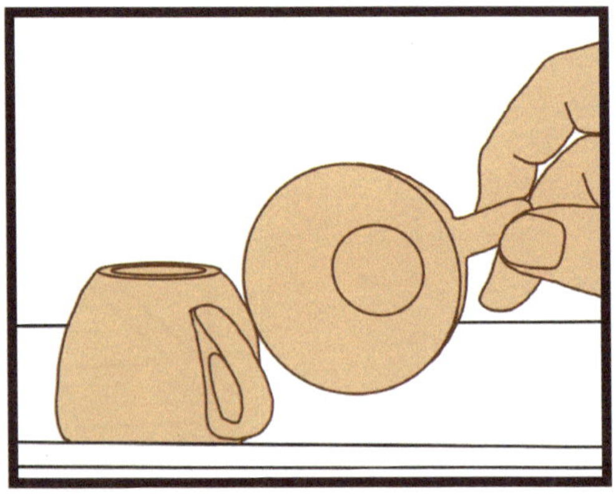

2. 데미타세 2잔 청결 확인

3. 책상을 이용하여 라떼 잔 4잔 청결 확인

Check point

모든 청결 과정 시
물기나 얼룩이 있으면
깨끗한 마른수건으로
닦아줍니다

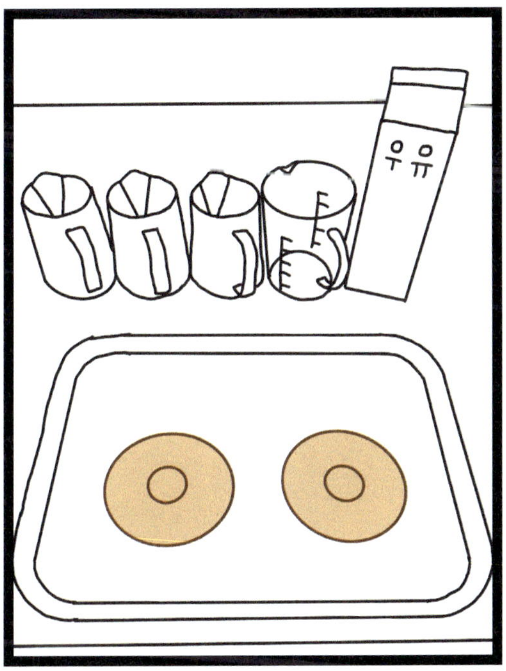

4. 데미타세 받침대 2개 확인 후 쟁반 위에 두기

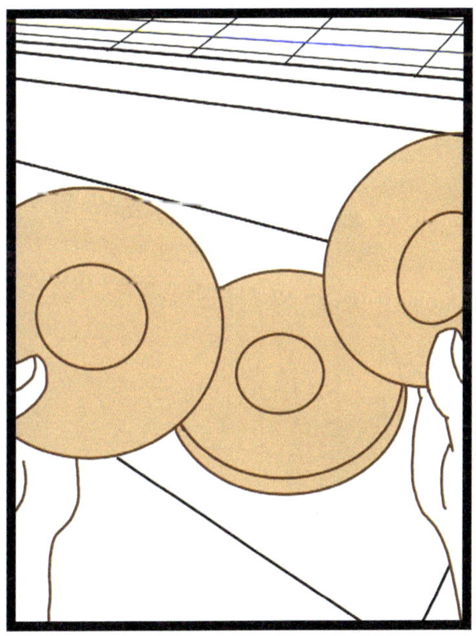

5. 책상을 이용하여 라떼 받침대 4개 확인 후 제자리

6. 티스푼 8개, 스푼 통 청결 확인

7. 스팀피쳐(밀크피쳐) 3개 청결 확인

쭉 스캔 후
빠진 부분 있으면 수정해준 뒤
제자리로 돌아와

감독관님 바라보며 오른손 들고
"준비 끝났습니다."

3. 에스프레소

감독관님 바라보며

Sign 받으면

오른손 들고

"시작하겠습니다."

감독관 : 네, 시작하세요.

뒤돌아가서 시작

탬핑의 3요소 = 도징+레벨링+태핑

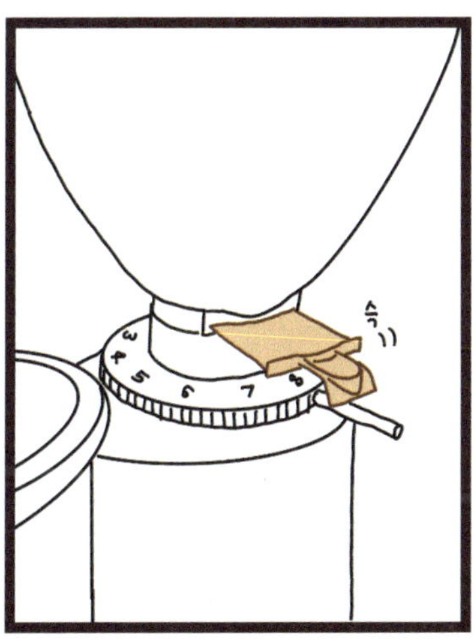

1. 호퍼 스톱퍼를 연다.

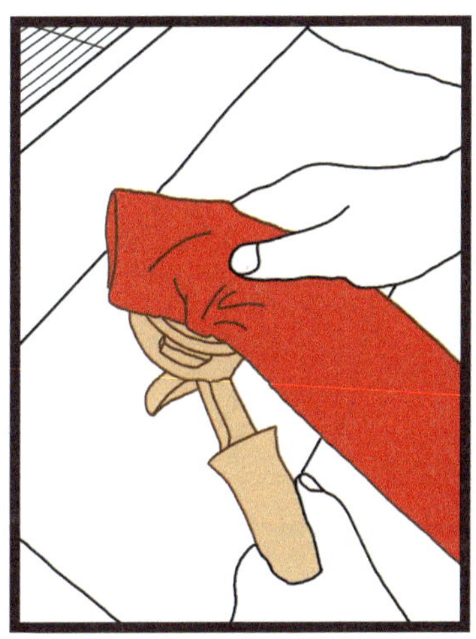

2. 포터필터 하나를 꺼내 린넨으로 닦는다.

도징 = 커피가루 받기

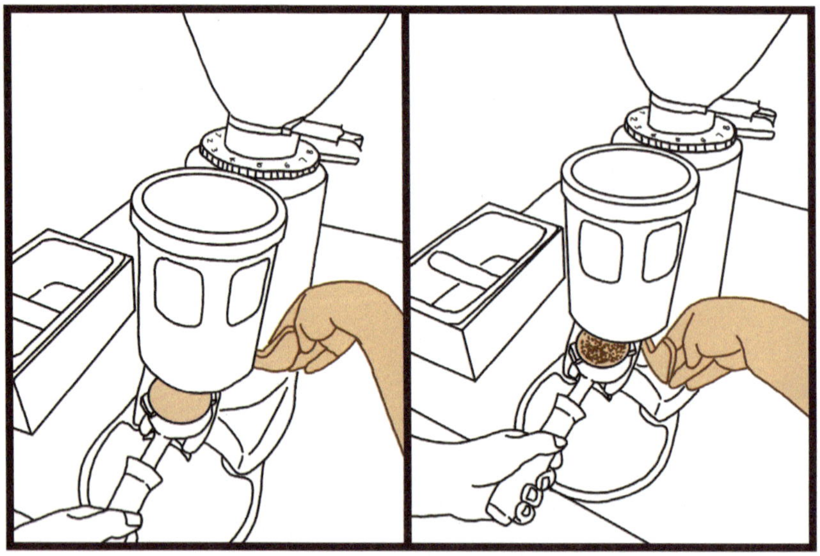

3. 스위치를 켜서 도징레버를 앞뒤로 움직이며
포터필터에 커피가루를 받아준다.

4. 눈대중으로 18g ~ 20g 정도
받아준 뒤 스위치를 꺼준다.

레벨링 = 18g~20g 양에 맞게 담아 셋팅

5. 적당히 쌓인 가루를 도저리드로 깎아 도저통 안으로 도로 넣는다. (이때 물 안 들어가게 조심)

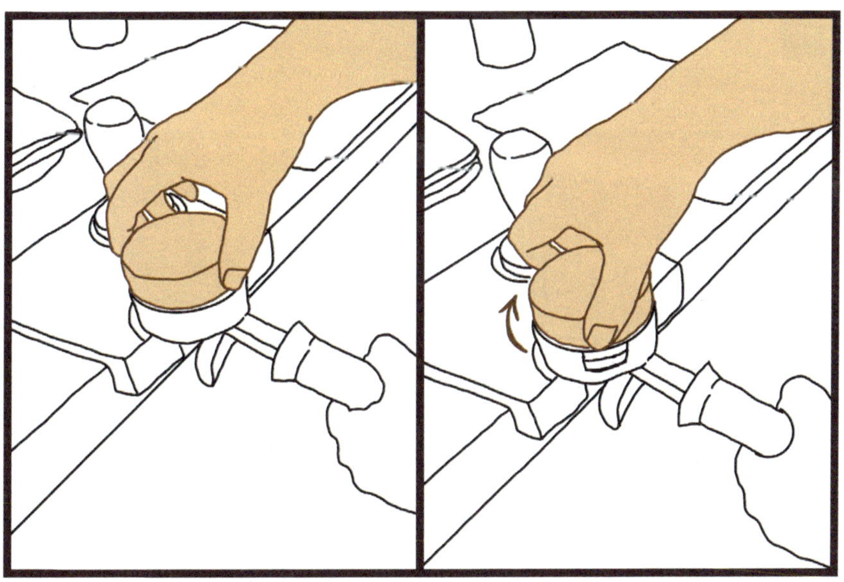

6. 패킹매트로 가서 마카롱 템퍼로 수평 만들기

첫번째

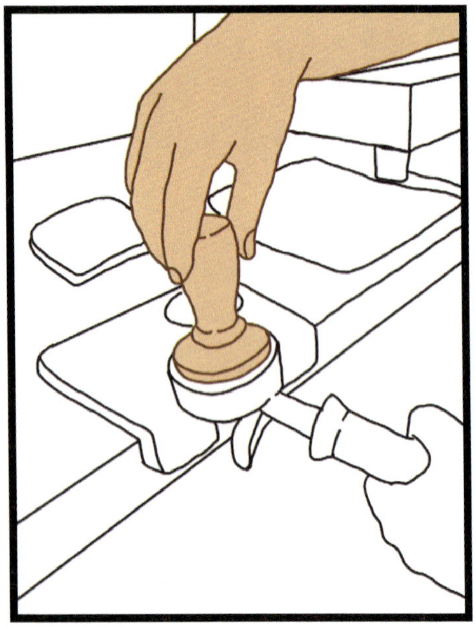

7. 템퍼를 살포시 올리기

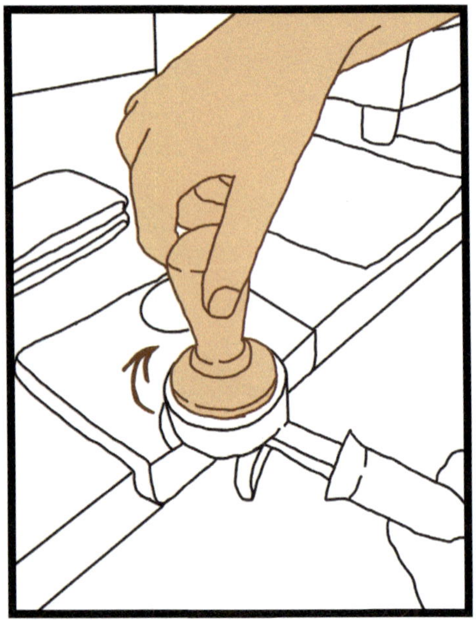

8. 속 돌려주기

두번째

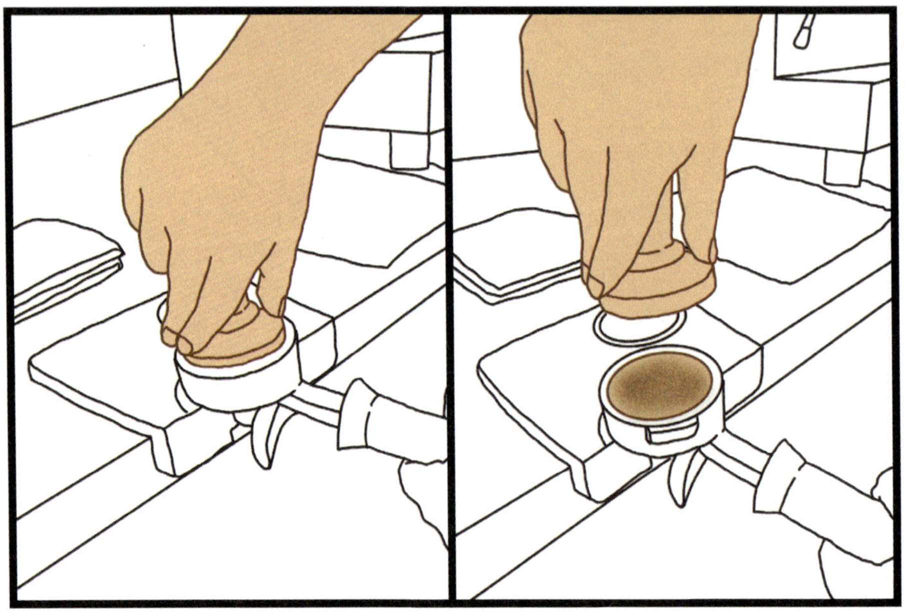

9. 힘 20~30% 줘서
수평 맞추며
탬핑 해주기

세번째
(태핑 = 누르는 작업을 하는데 수평을 만드는 것)

10. 포터필터 안쪽 가장자리에 가루가 있다면, 템퍼 손잡이로 아주 살살 톡톡 쳐줘서 가루 떨어뜨리기

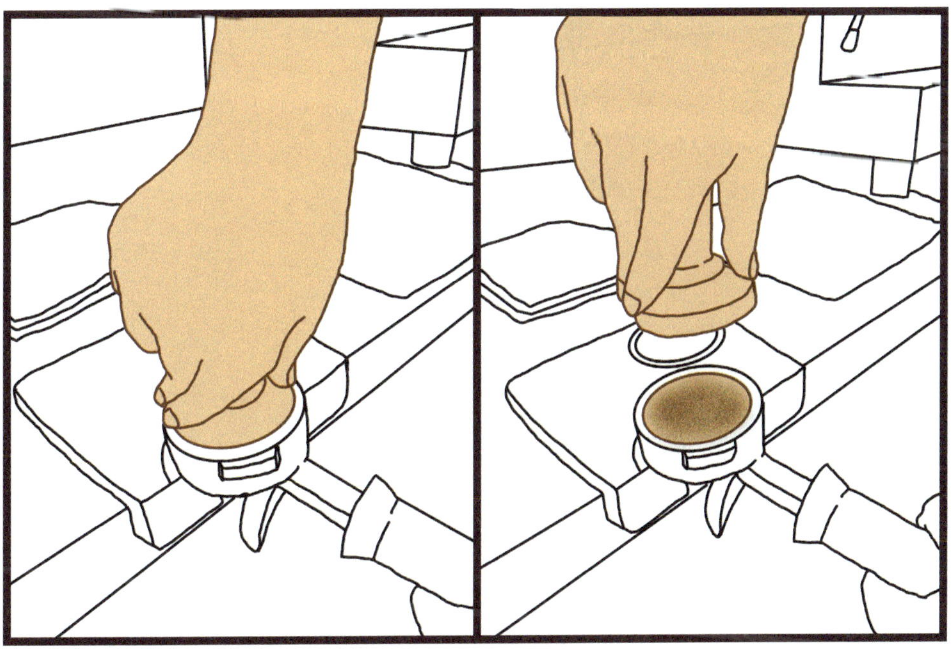

11. 힘의 80~90% 어깨로 체중실어 누르고 돌리기

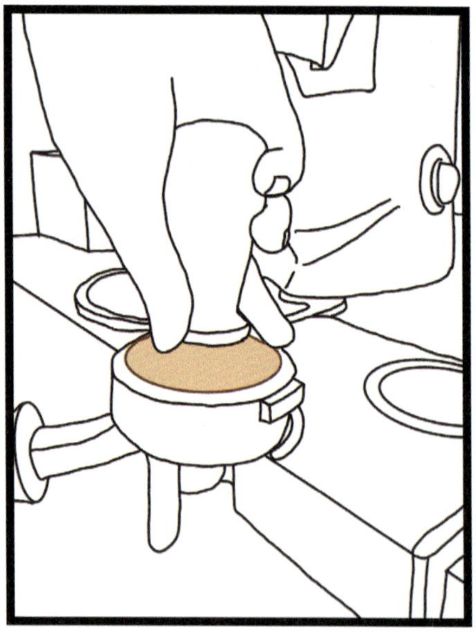

12. 마지막으로 수평 확인 후 맞추기

13. 넉박스로 가서 가장자리 가루들 정리

14. 테스터 버튼 눌러 1초 사전 추출

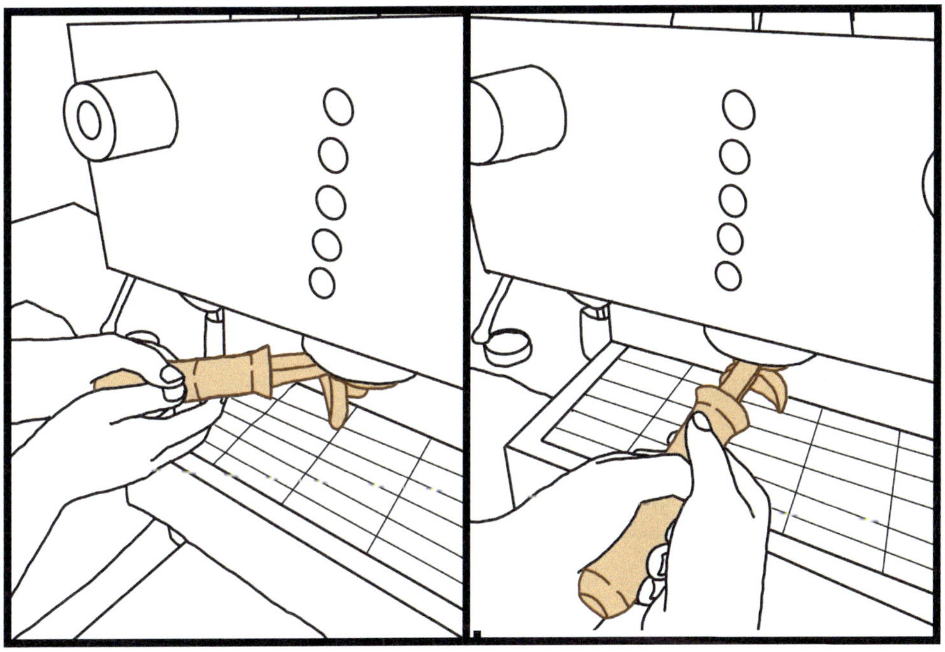

15. 그룹헤드에 포터필터 세게 끼우기
(손잡이가 가운데로 오게끔)

16. 다른 포터필터도 똑같이 받아준다.

17. 샷글라스, 데미타세 각각 올려주기 (1oz 앞으로)

18. 우선 한쪽만 테스터 버튼 눌러 1oz 받기

19. 다 받은 후 남은 한쪽 받기

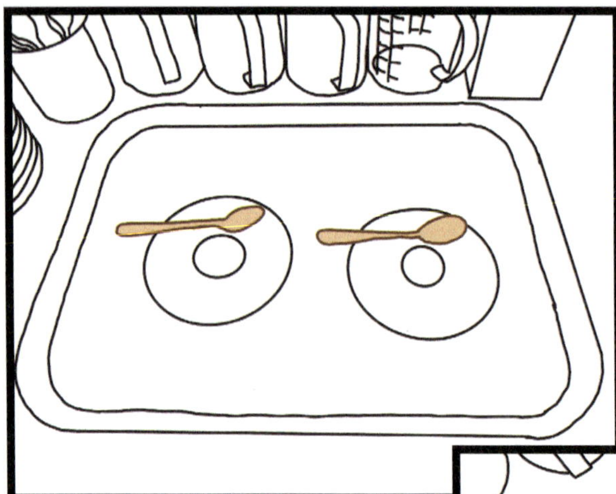

20. 티스푼 셋팅
(손잡이가 손님 오른손으로)

21. 잔 셋팅
(손잡이는 손님 오른쪽,
1oz가 손님 앞으로 오게끔)

손님 응대하기

1. 쟁반 들고가서
   쟁반 든 상태로
   "주문하신 에스프레소 나왔습니다."

2. 쟁반 내려놓고 한 세트 손님 앞에 두기
   (손잡이 손님 오른쪽, 1oz 손님 앞으로)

3. 쟁반 들고, 바라보며
   "맛있게 드세요."

4. 다음 분께 가서 똑같이 쟁반 든 상태로
"주문하신 에스프레소 나왔습니다."

5. 똑같이 내려놓기

6. 쟁반 옆에 끼고 바라보며
"맛있게 드세요"

뒷정리

7. 포터필터 찌꺼기를
넉박스에 버린다.

8. 테스터 버튼을 눌러
남은 찌꺼기를 헹군다.

9. 그룹헤드에 끼워 흔들며 안쪽 찌꺼기도 헹군다.

10. 포터필터를 린넨으로
깨끗이 닦아

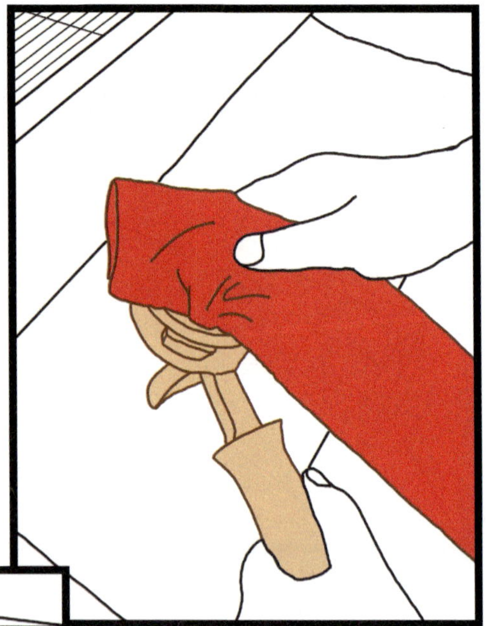

11. 그룹헤드에 끼워준다.

12. 나머지 한쪽도 정리해준 뒤
그룹헤드에 끼운다.

4. 카페라떼

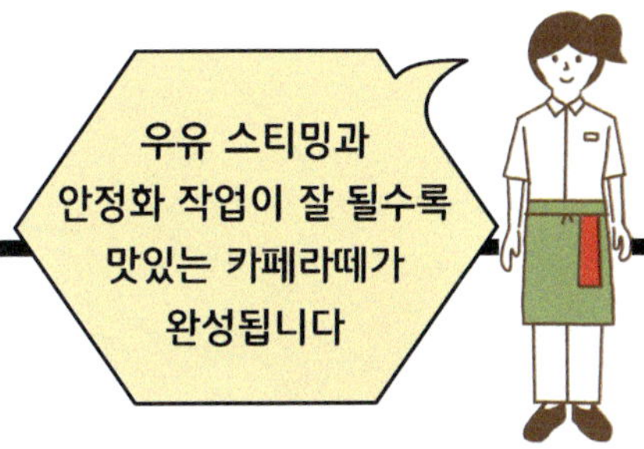

1. 쟁반 위 라떼잔 받침대 4개 셋팅

2. 스푼 셋팅
(손잡이가 손님 오른쪽)

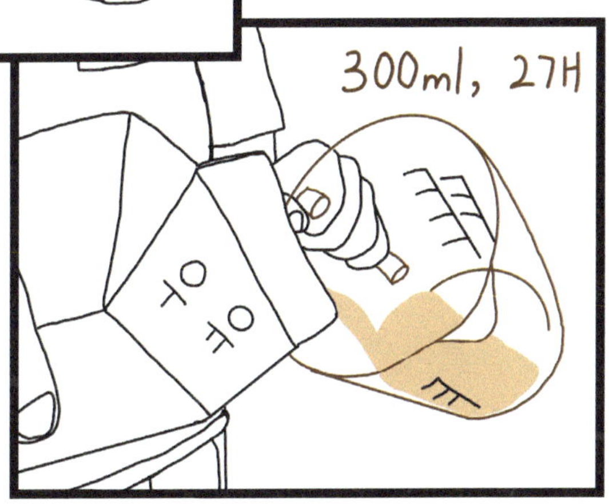

3. 계량컵을 이용하여
우유 300ml
스팀피쳐 2개에 담기

4. 포터필터를 꺼내
린넨으로 깨끗이 닦아

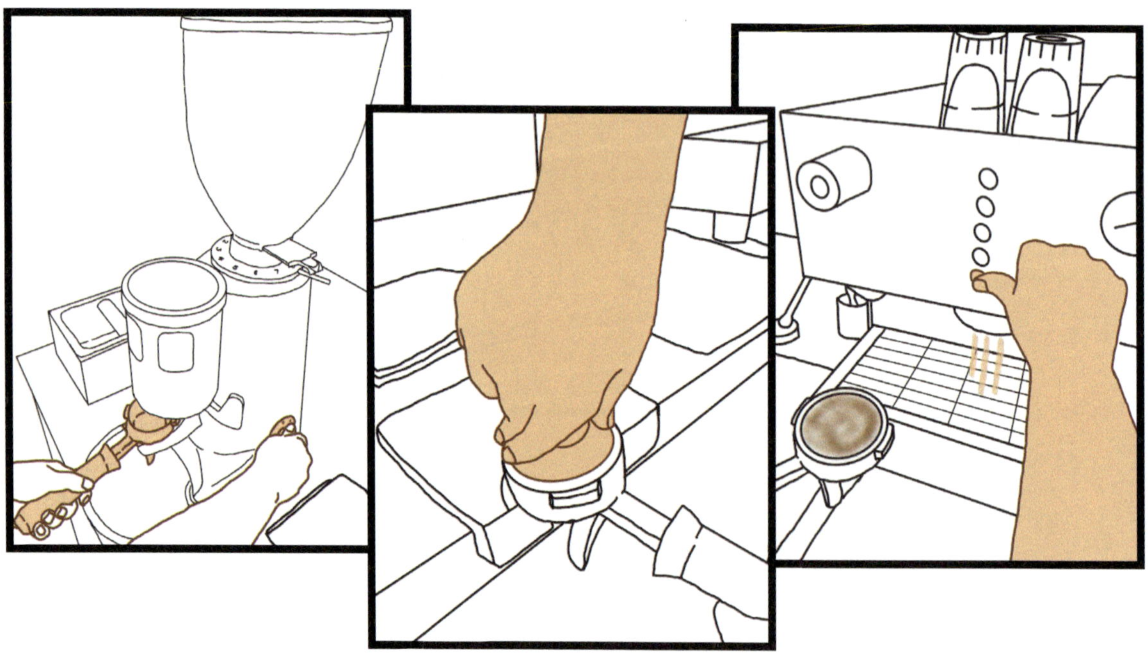

5. 도징+레벨링+태핑 후 테스터 버튼 눌러 사전추출 1초 후 그룹헤드에 끼우기

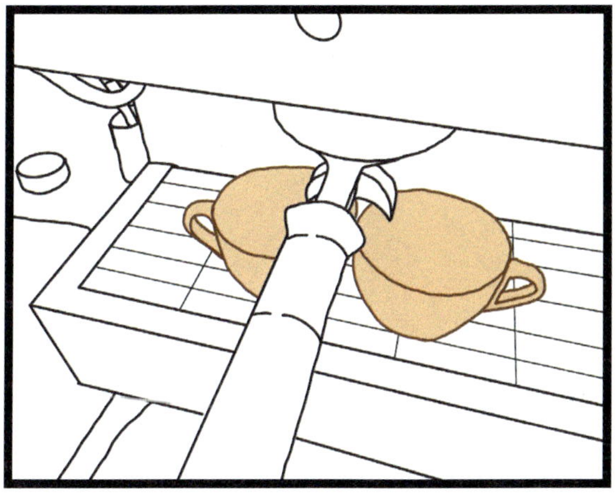

6. 밑에 라떼잔 2잔 놓기

7. 1oz양 만큼 추출

8. 젖은 수건으로 스팀파이프 윗 부분 잡아 스위치를 켜서 불순물 3번 제거

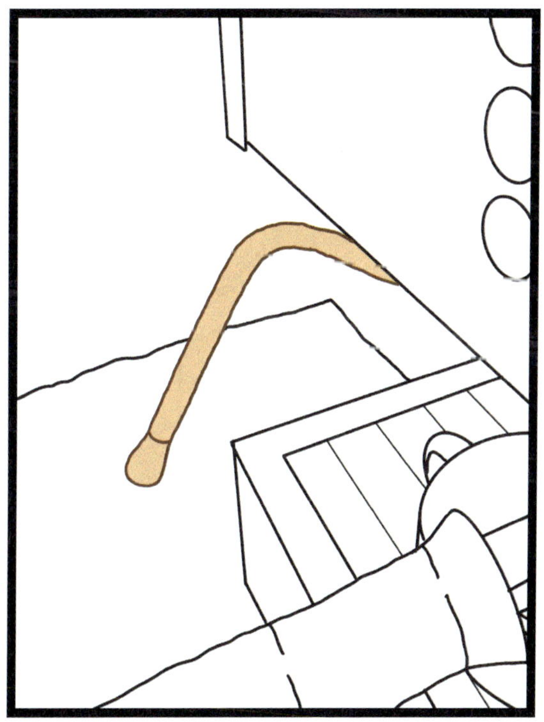

9. 스팀파이프 각도 잘 잡아주기

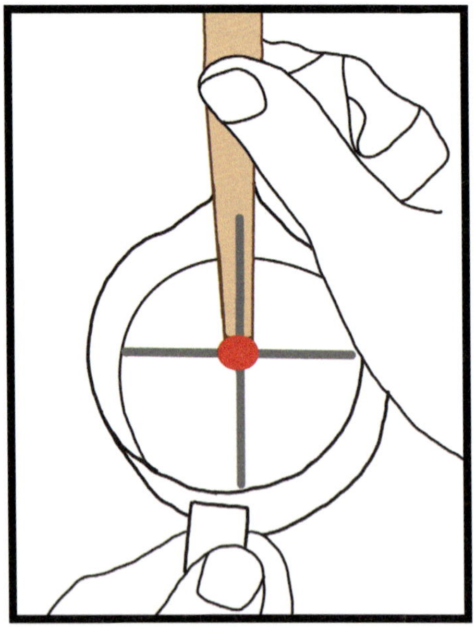

10. 스팀파이프 끝인 팁 부분을
스팀피쳐 정중앙에 둔다.

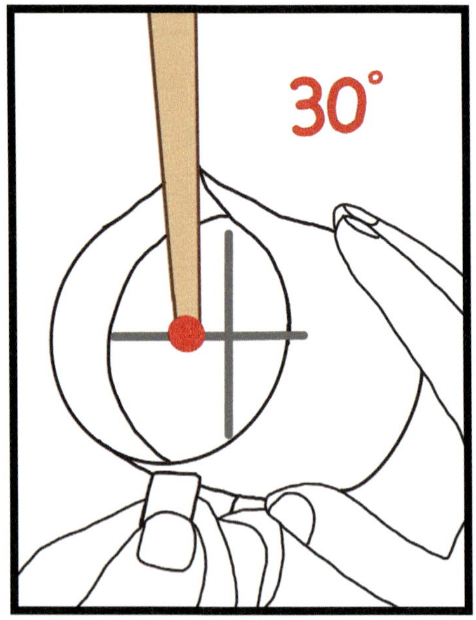

11. 오른쪽이나 왼쪽으로
30도 기울여 준다.

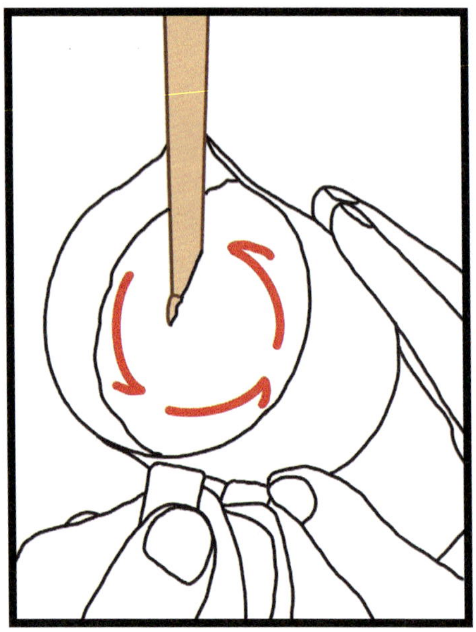

12. 자세 유지해주며 스위치를
천천히 켜준 뒤 65도~70도가 될 때까지
스티밍 해준 뒤 천천히 꺼준다.

13. 스팀파이프 불순물 3번 제거

14. 폼과 우유가 잘 섞이게끔
빙글빙글 흔들어 준다.

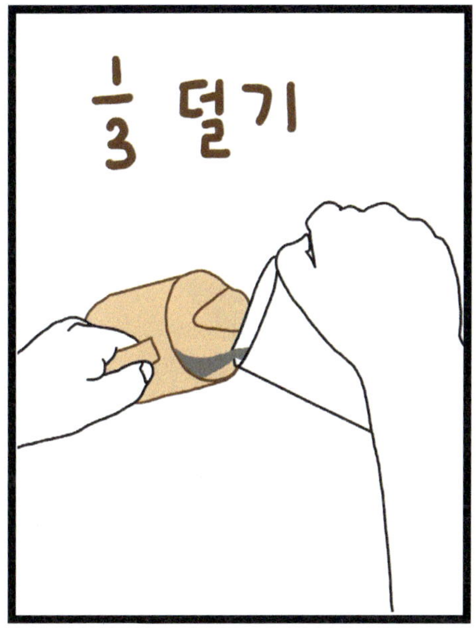

15. 빈 스팀피쳐에 3분의 1 덜기

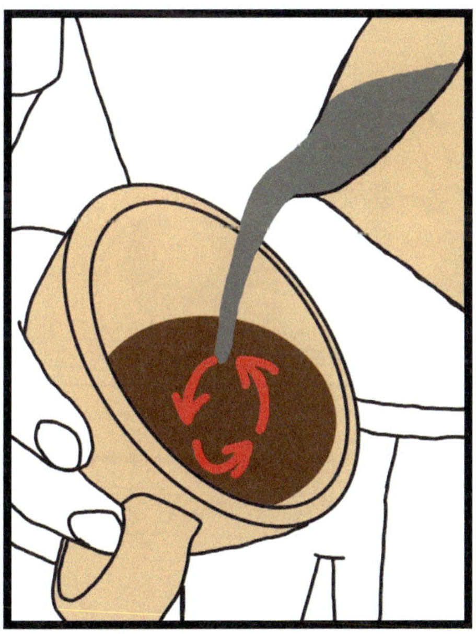

16. 남은 3분의 2로 안정화
(에스프레소 깊은 부분을 타원형으로
섞어주기)

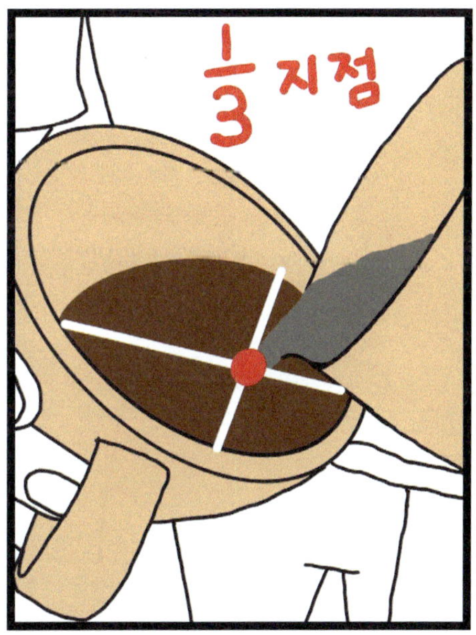

17. 피쳐를 그대로 내려
컵의 3분의 1지점에서 시작

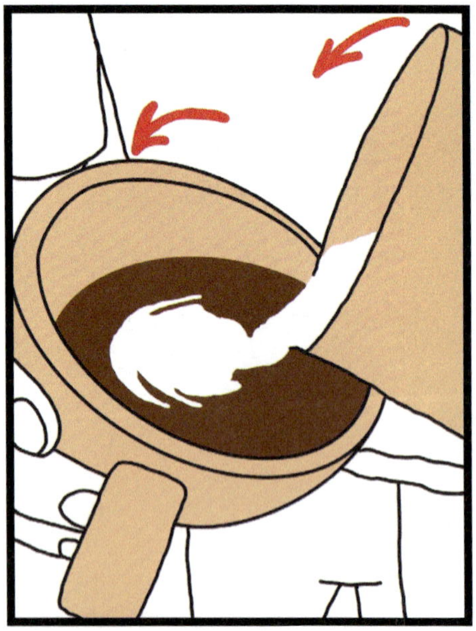

18. 동일한 유량을 부어주며
피쳐와 컵을 동시에 기울인다.

19. 봉긋할 정도로 많이 붓기

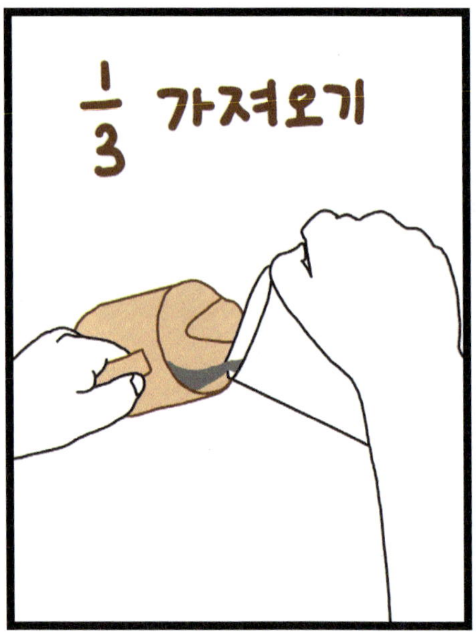

20. 덜어 놓은 3분의 1을 다시 가져와서

21. 나머지 한잔도 똑같이 완성

22. 나머지 한 셋트도
똑같이 완성시키기

23. 쟁반들고 바라보며
"주문하신 카페라떼 나왔습니다."

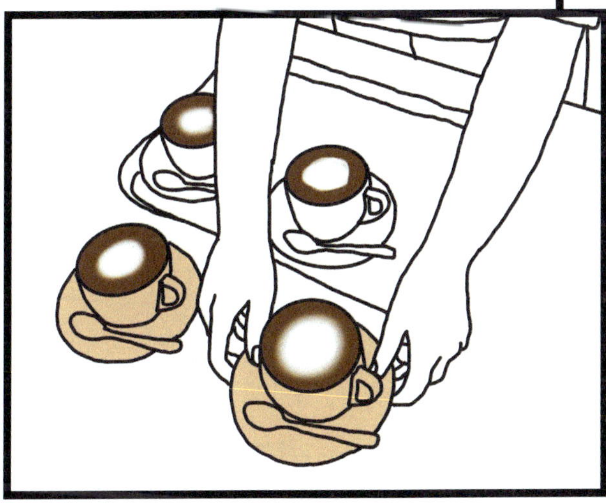

24. 쟁반 내려놓고
처음 만든 2잔 건네기

25. 쟁반 들고 바라보며
"맛있게 드세요"

26. 다음 분께 가서
"주문하신 카페라떼 나왔습니다."
말한 후 셋팅

27. 쟁반 옆에 끼고
"맛있게 드세요"

뒷정리(= 마감)

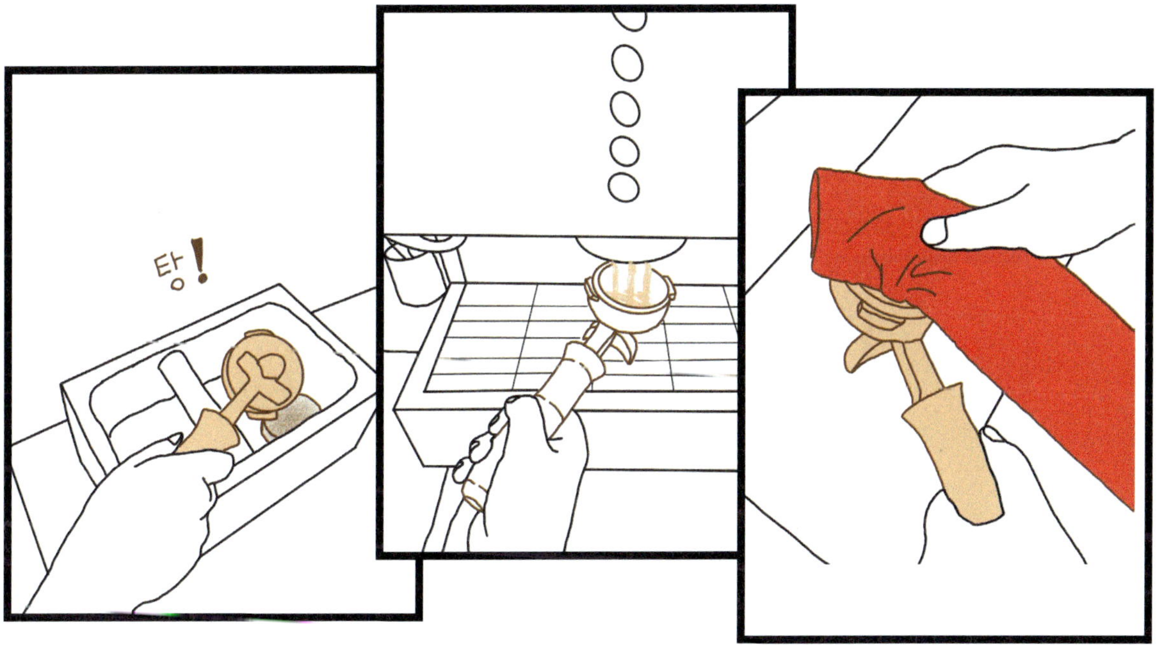

1. 포터필터 정리 후 린넨으로 닦아

2. 린넨 위에 잠시 올려두기

3. 준비과정에서 했던 것처럼
그라인더 청소 및 주변 정리를 깨끗이 한다.
(템퍼는 린넨으로 닦아준다.)

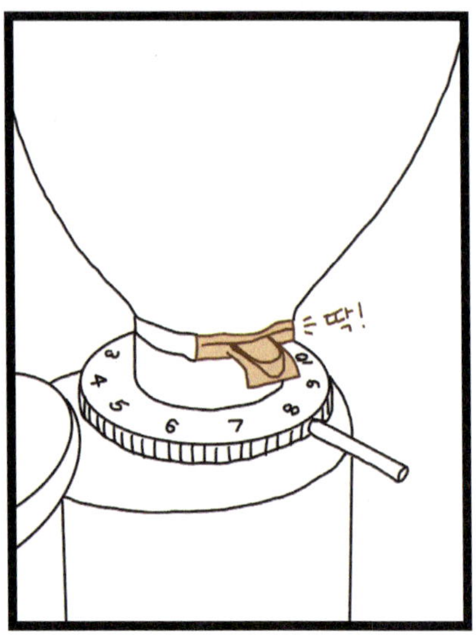

4. 호퍼 스톱퍼를 꼭 닫아준다.

5. 선반 밑 트레이 물기와 찌꺼기
젖은 수건으로 닦고
스팀 파이프 넣어준 뒤
포터필터 그룹헤드에 끼우기

6. 다 쓴 수건 5장,
스팀피쳐 3개,
우유 팩 쟁반 위에 정리

7. 말끔히 정리 및 마무리가
잘 됐는지 스캔 후,

제자리로 와 오른손 들고
"끝났습니다."

4. 마무리 요약

[준비 = 매장 오픈 준비]

(차갑게)젖은 수건 2장 / 스팀파이프 밑 마른 수건 1장 / 마른 수건 2장 / 린넨 앞치마 왼편에 걸치기 (다림질)

(+ 티스푼 8개, 스팀(밀크)피쳐 3개, 계량컵, 우유1팩, 스팀파이프 · 호퍼스토퍼가 들어가 있는지 확인해주면 Good !)

그라인더 작동 확인 및 청소

(바라보며 Sign 받으면 오른손 들고) "준비하겠습니다"
감독관님들 : 네~, 준비하세요 ~ 등
호퍼스토퍼 열기
도저리드 받침대 위에 놓기
한 손에 솔을 들고, 전원 스위치 ON (가루 나오는지 확인 후) 호퍼스톱퍼 닫기
도징레버 빠르게 움직이며 도저통에 남아있는 커피가루 도저리드에 완전히 내리기
도저리드 위에 받은 커피가루 넉박스에 버리기 (솔질)
포터필터 받침대(거치대), 커피가루 받침대, 책상 위 가루들 깨끗이 솔질 (청소)
템퍼를 스팀파이프 밑 마른수건 위에 두고
패킹매트 이용하여 책상 위 가루 쓸어 담아 넉박스에 버리기 (청소)
템퍼 "린넨"으로 닦아 패킹매트 위에 두기

> Check point
> 준비과정은 앞 순서가 틀려도 중간에 수정하면 됩니다.

머신 작동 확인

스팀파이프 젖은수건으로 윗부분 감싸 잡아 꺼내어 3번 시도 (스위치 풀어 걸린 상태에서, 180도 돌리기 3번)
포티필터 2개 린넨 위에 하나씩 내리기
테스터 버튼 각각 3초씩 물 내려보기
온수추출 3조 물 내려보기 (스위치 풀어 걸린 상태에서 180도 돌려 3초)
기계 물기 마른 수건으로 슥 닦아주기 (다치지 않게 주의)
포터필터 하나씩 린넨으로 닦아 그룹헤드에 끼우기

청결 확인

샷글라스 2잔 1oz(일온즈=30ml)앞으로, 데미타세 2잔, 라떼 잔 4잔 확인
데미타세 받침대 2개 확인 후 쟁반위에 두기
라떼 받침대 4개 확인 후 제자리
티스푼 8개 확인, 스푼 통 확인
스팀 피쳐 3개 확인
쭉 스캔 후 빠진 부분 있으면 수정해준 뒤
제자리로 돌아와 (뒤돌아 서서 바라보며 오른손 들고) "준비 끝났습니다"

> Check point
> 물기나 얼룩이 있으면 깨끗한 마른수건으로 닦기

[에스프레소]

(바라보며 Sign 받으면 오른손 들고) "시작 하겠습니다"

감독관님들 : 네 ~, 시작하세요 ~ 등

호퍼스톱퍼를 연다 (뺀다)

포터필터 하나를 린넨으로 닦아, 포터필터 받침대에 가서 도징 (=커피가루 받기)

탬핑의 3요소 (도징 + 레벨링 + 태핑)

스위치On + 도징레버 빠르게 움직이기

(어느정도 가루가 쌓이면 스위치 Off)

레벨링 (18~20g 양에 맞게 담아 셋팅 or 커피가루 수평되게 하기)

적당히 쌓인 가루를 도저리드로 깍아 도저통 안으로 가루를 도로 넣는다.

(이때 도저통 안에 물 안 떨어지게 조심!)

넉박스로 가서 가장자리 가루들을 손가락으로 슥슥 정리

마카롱 템퍼로 수평 만든 후 ⇒ 템퍼로 템핑 3번 (수평 되도록!!)

첫번째 : 살포시 올려 돌리기 (힘 x)

두번째 : 힘의 20~30% 누르기+ 돌리기

세번째 : (가장자리에 가루가 있다면, 템퍼 손잡이로 살살 톡톡 쳐줘서 가루 떨어뜨리기=태핑)

힘의 80~90% 어깨로 체중실어 누르기 + 돌리기

Check point
누르는 작업을
하는데
수평을 만드는 것

수평 확인 후 맞추기

테스터 버튼 눌러 (1초) 사전 추출 후

그룹헤드에 포터필터 세게 끼우기 (손잡이(필터홀더)가 가운데로 오게끔)

다른 포터필터도 똑같이 해주기

샷글라스, 데미타세 각각 올려주기

우선 한쪽만 1oz 받기

다 받은 후 남은 한쪽 1oz 받기

티스푼 셋팅 (스푼 손잡이가 손님 오른손으로 오게끔)

잔 셋팅 (1oz 미리 손님 앞으로 오게끔)

[에스프레소]

손님 응대 하기	쟁반들고 가서 쟁반 든 상태로 "주문하신 에스프레소 나왔습니다" 쟁반 내려놓고 한 세트 손님 앞에 두기 (1oz 손님 앞으로 오도록) 쟁반 들고 "맛있게 드세요" (고개 인사 X, 바라보며 미소) 옆으로 가서 똑같이 한 후 쟁반 옆에 끼고 똑같이 (맛있게 드세요)인사 후 뒤돌아 가서
뒷정리	포터필터 찌꺼기 버린 후 테스터 버튼 눌러, 물로 씻은 후, 그룹헤드에 끼워 흔들며 씻어주고 포터필터 린넨으로 깨끗이 닦아 그룹헤드에 끼워주기 (너무 세게X)

라떼 받침대 4개 쟁반위에 올려두기 (라떼가 끝나야_"끝났습니다")

목 차

by 커피 아카데미

바리스타 2급

핸드드립 기초편

by 커피 아카데미

1. 명칭 외우기

핸드드립은 다양한 방식이 있어

사실 정답은 없습니다.

여러가지 방법을 시도한 끝에 내꺼화 시키는게 중요합니다.

드립은 카피가 아닌 나만의 것을 만들어야 합니다.

그러므로 기초가 가장 중요합니다.

기초를 탄탄히 다져

나만의 커피를 재밌게 만들어 봅시다.

드립퍼 : 필터를 받치는 장치

칼리타 드립퍼 (구멍 나란히 3개)

도자기 칼리타 드립퍼

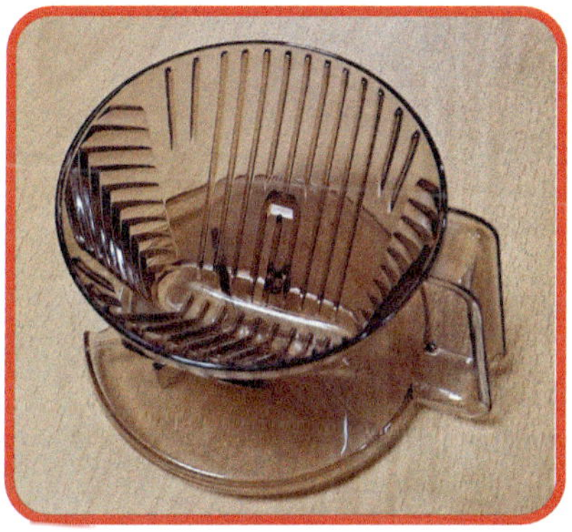

멜리타 드립퍼 (구멍 1개)

히리오 드립퍼 (큰 구멍 1개)

칼리타 드립퍼 (구멍 3개 세모모양 위치)

필터 필요 없는 드립퍼

드립서버 : 커피 추출시, 여과된 커피를 받는 용기

다양한 사이즈의 칼리타 서버들

울퉁불퉁함이 특징인 하리오 서버

드립 포트 : 커피 추출시, 사용하는 주전자

커피 필터 : 거름 종이, 여과지

칼리타 필터

하리오 필터

이외 다양한 추출기구들

모카포트

융드립

체즈베(이브릭)

프렌치프레스

사이폰

2. 연 습

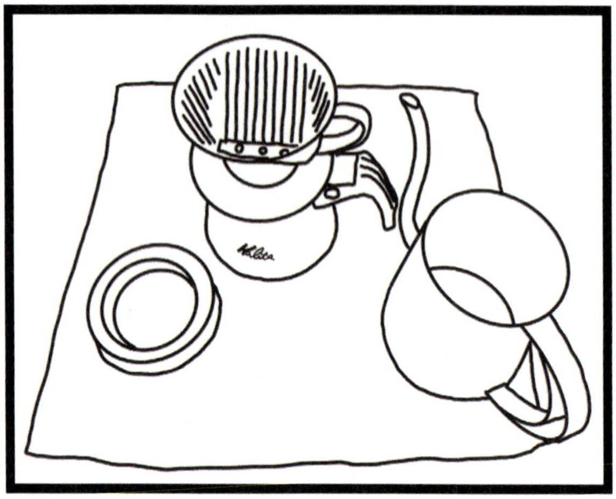

1. 나에게 맞는 추출기구들을 셋팅한다.

2. 드립 포트에 뜨거운 물을 1cm 남기고 가득 붓는다.
(물 온도 85도~93도 정도)

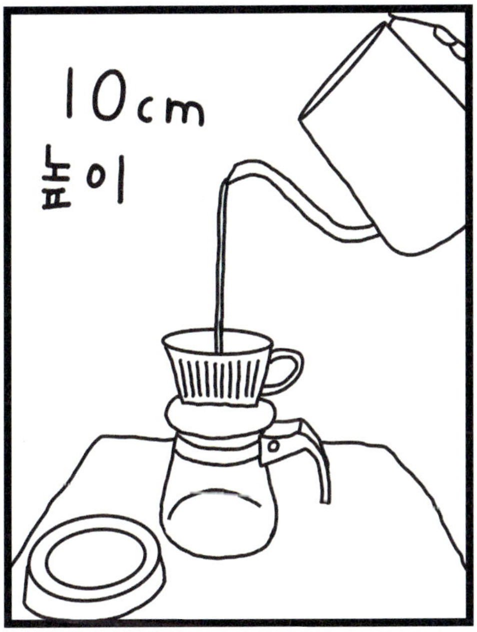

3. 정중앙에 낙차 10cm 유지하며 가는 물줄기 직선으로 내려오도록 연습한다. (직선 연습)

4. 서버 밑에 회오리 그림을 둔다.

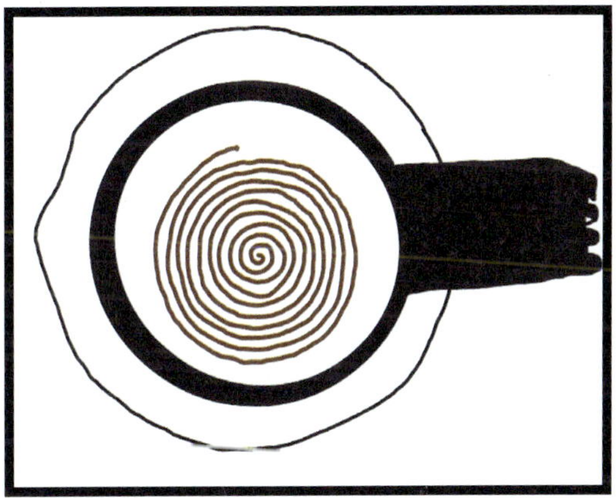

5. 낙차 10cm 유지, 가는 물줄기 직선, 정중앙부터 시작하여 달팽이 기어가듯 천천히 바깥으로 회오리, 다 되면 안쪽으로 회오리 반복하며 300ml 받아주기 연습 (회오리 연습)

3. 준비

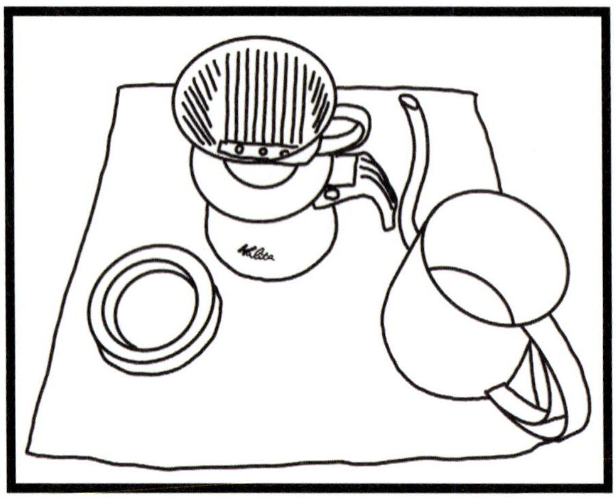

1. 나에게 맞는 추출기구들을 셋팅한다.

2. 드립 포트에 뜨거운 물을 1cm 남기고
가득 붓는다.
(물 온도 85도~93도 정도)

3. 뜨거운 물로 드립퍼와 서버를 헹군다.
(이때 아이스일 경우 얼음을 서버에 가득 담아준다.)

4. 커피 필터를 접어준다.

[칼리타 필터]

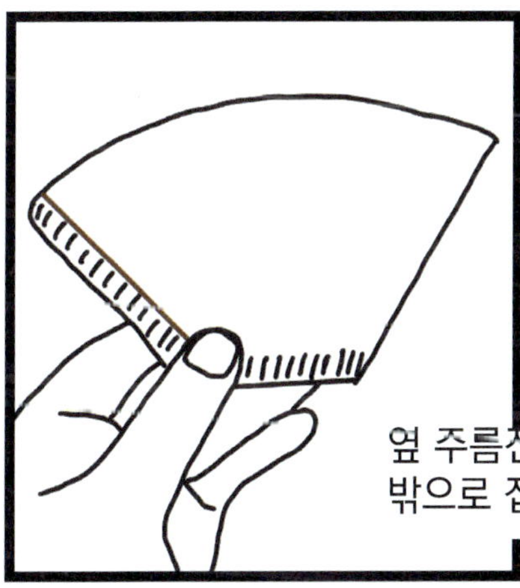

옆 주름진 부분을 밖으로 접어준다.

밑 주름진 부분을 안으로 접어준다.

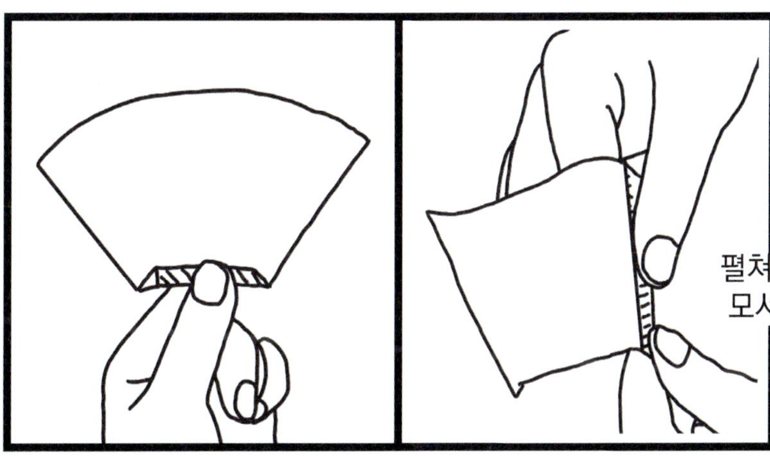

펼쳐서 양옆을 정리해주고 모서리 부분을 접어준다.

[하리오 필터]

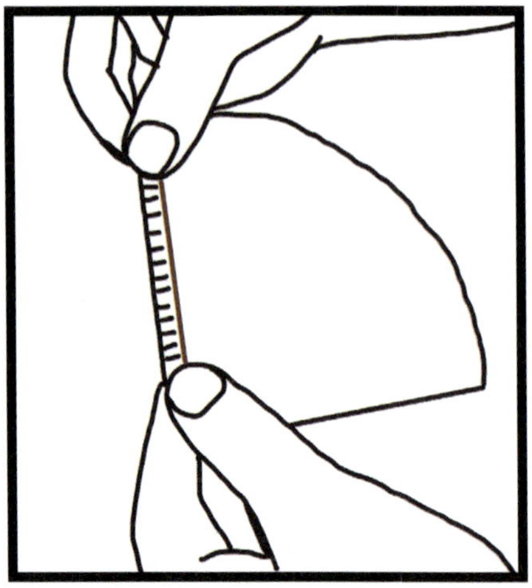

옆 주름진 면을 접어준다.

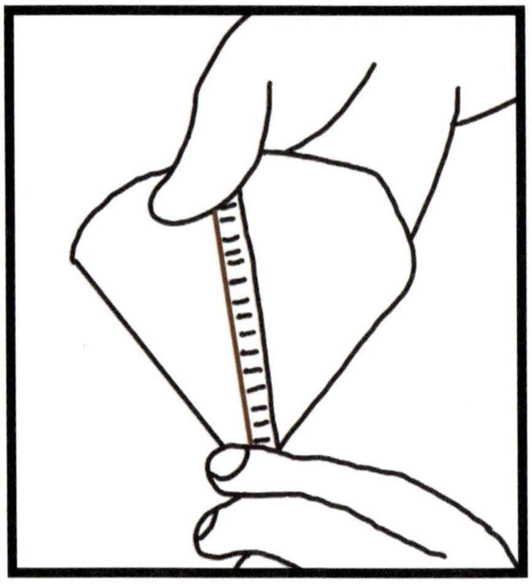

펼쳐서 다듬어 준다.

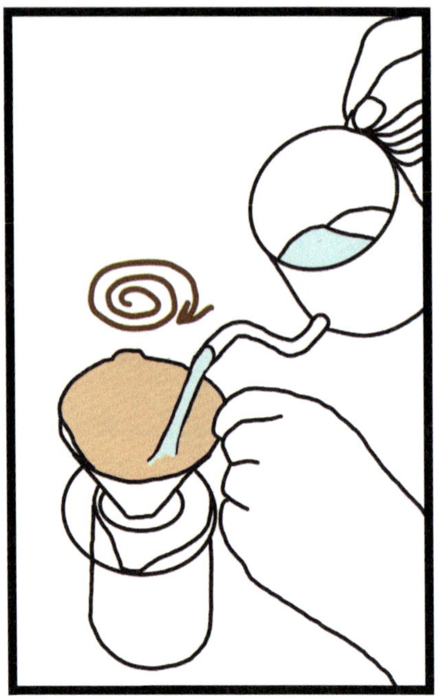

5. 뜨거운 물로 필터를 적신다. (=린싱)
필터가 드립퍼에 수평으로 잘 붙었는지. 확인해준다.

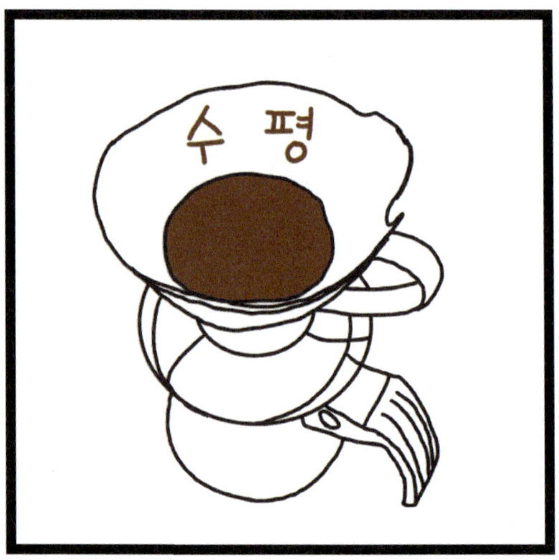

6. 원두를 알맞은 크기로 갈아 필터 안에 부어
드립퍼를 흔들거나 톡톡쳐서 수평으로 만들어 준다.
(= 그라인딩은 마지막에 해야 좋다.)

4. 기초 드립법

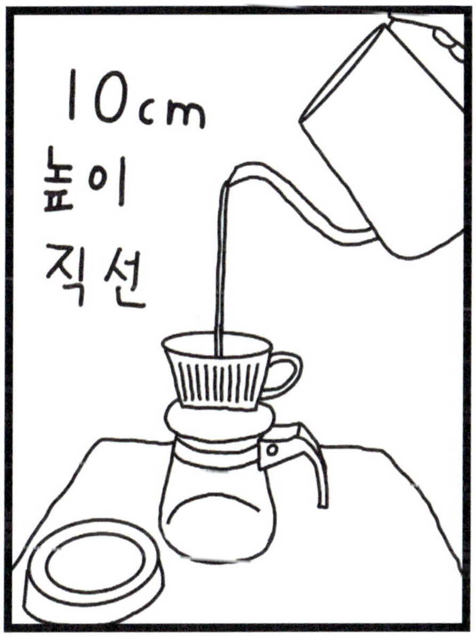

1. 정중앙에 낙차 10cm, 가는 물줄기 직선 유지하며
   300ml 까지 받는다.

2. 낙차 10cm, 가는 물줄기 직선 유지,
   천천히 정중앙부터
   회오리 반복하며 300ml 까지 받는다.

   이때 회오리 크기는
   10원, 100원, 500원, 큰원
   4가지 중 1가지 택

3. 정중앙에 낙차 없이, 살짝 굵은 물줄기로
   직선 유지하며 300ml 까지 받는다.

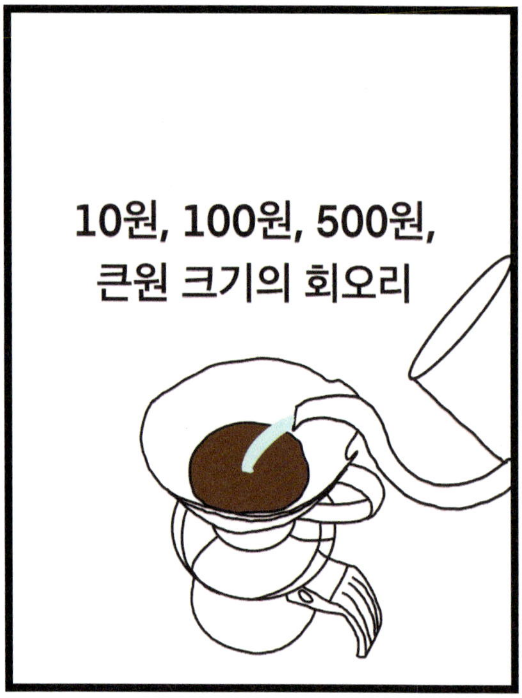

4. 낙차 없이, 굵은 물줄기 유지,
   중간속도감으로 정중앙부터 회오리 반복하며
   300ml 까지 받는다.

5. 추출이 완료되면 서버를 흔들어 섞어준다.
(=스월링)

낙차

낙차가 클수록 산미를 이끌어낼 수 있다. 반대로 낙차가 낮을수록 바디감이 나온다.

드립퍼 종류

칼리타는 산미를 잘 이끌어내고 하리오는 바디감을 잘 이끌어낸다.

물 온도

물온도가 낮을수록 부드러우며 높을수록 진하다.

회오리 크기 및 속도

원두 특성을 이끌어 내기 위해 회전을 주지만 더불어 일정량, 속도감에 따라 다르다.

뜸들이기

뜸들이기 시간이 길수록 바디감을 이끌어낸다. 그러나 원두 로스팅 날짜에 따라 조절이 필요하다.

원두 굵기, 입자

원두 굵기, 배전도에 따라 흡수율이 달라, 맛이 다르다. 굵기에 따라 어떤 추출기구를 사용할지, 어떤 드립법을 할지 다양하게 정하기도 한다.

ex) 융드립을 원두 굵기를 크게하여 점드립으로 내려본다.

※ 이 내용은 보편적일 뿐 로스팅 배전도, 원두 상태, 환경 등에 따라 달라질 수 있기에 참고만 해주세요.

핸드드립 커핑 노트

◇ **원두 이름** :

◇ **로스팅 날짜** :

◇ **드립 날짜** :

◇ **아이스** (얼음가득 + 드립 : ml) / **핫** (서버 : ml + 드립 : ml)

◇ **원두 무게** : g

◇ **추출 후 색상** :

◇ **물 온도** : ℃

◇ **추출 시간** :

◇ **뜸들임 시간** : 초

◇ **추출 g** :

◇ **드립 방법** :

◇ **서버 커피 향** : (받은 후 : / 비어 낸 후 :)

◇ **시간 흐름에 따른 맛 변화**

0시간 :
1시간 :
2시간 :
3시간 :
…
24시간 :

◇ **메모**

서버 / 드리퍼 / 드립포트 / 페이퍼 필터 종류

목 차

by 커피 아카데미

바리스타 2급

기초편

by 커피 아카데미

1. 명칭 외우기

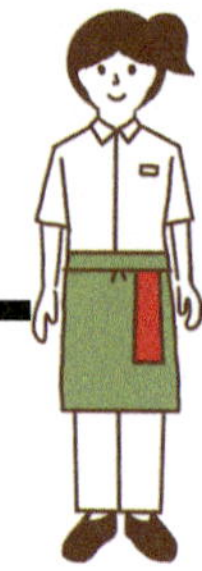

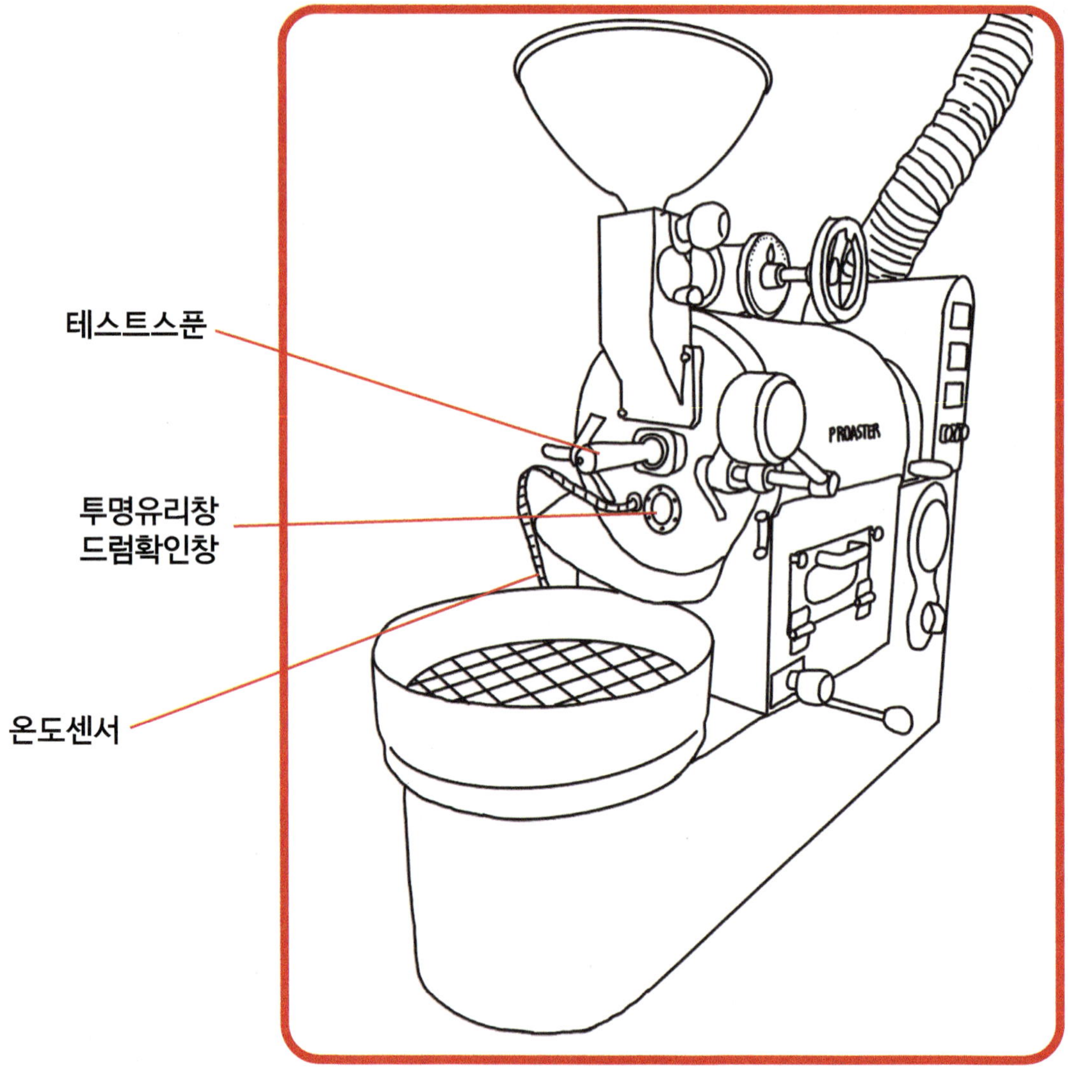

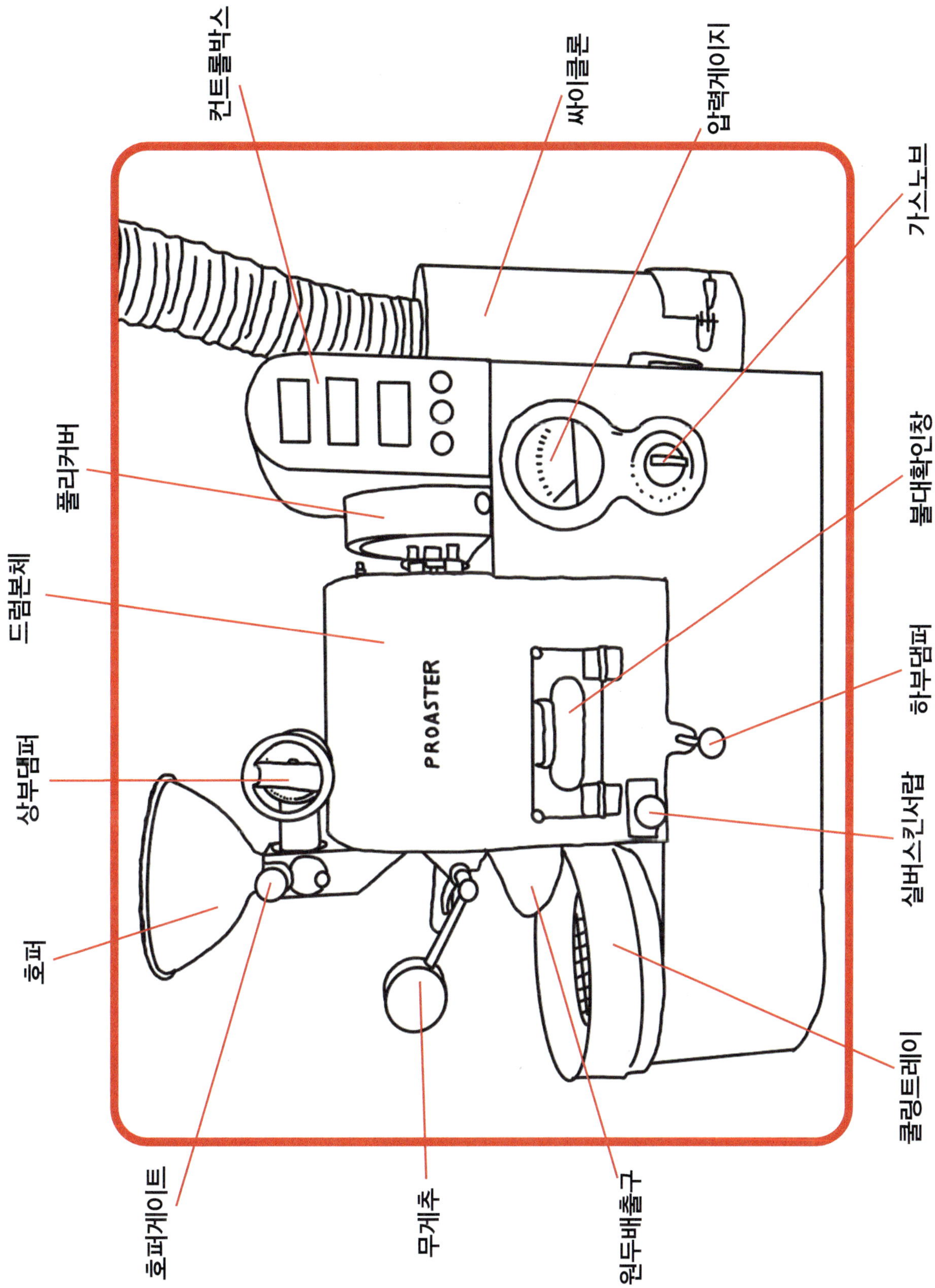
호퍼게이트
무게추
원두배출구
호퍼
상부댐퍼
드럼본체
풀리커버
컨트롤박스
싸이클론
압력게이지
가스노브
불대확인창
하부댐퍼
실버스킨서랍
쿨링트레이
PROASTER

2. 로스팅 순서

기계 켜기

1. 기계의 모든 것 닫기 (화재 위험 방지)

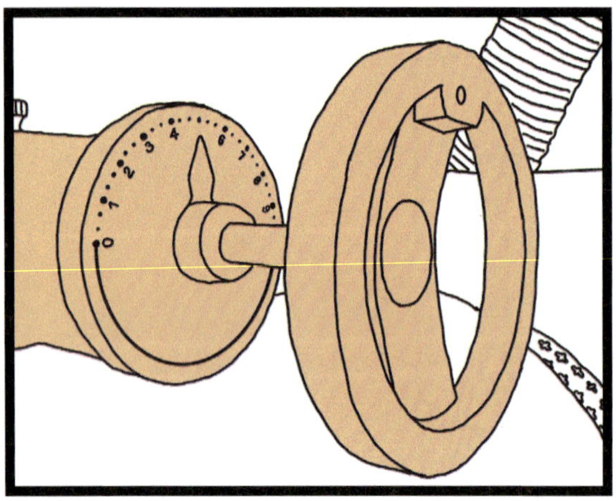

상부댐퍼 5

호퍼게이트 닫기 (밀기)

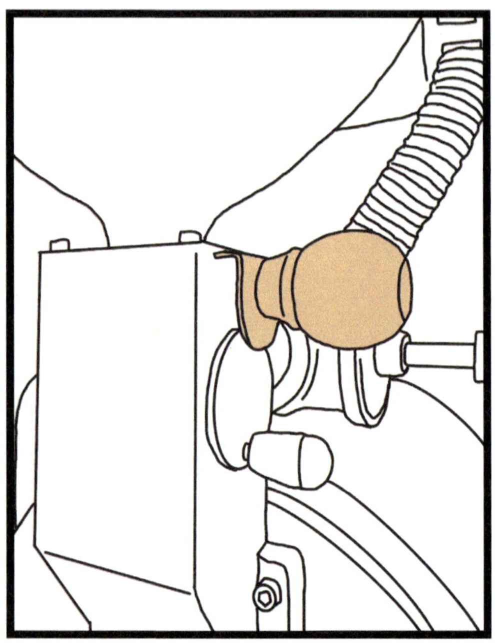

하부댐퍼 닫기 (당기기)

무게추 내리기 (닫기)

2. 닫혀있는 안전장치와 가스밸브를 열어준다. (켜준다)

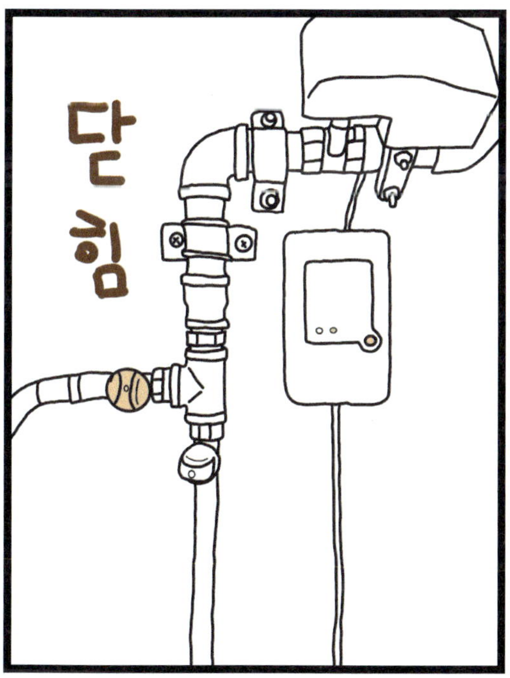

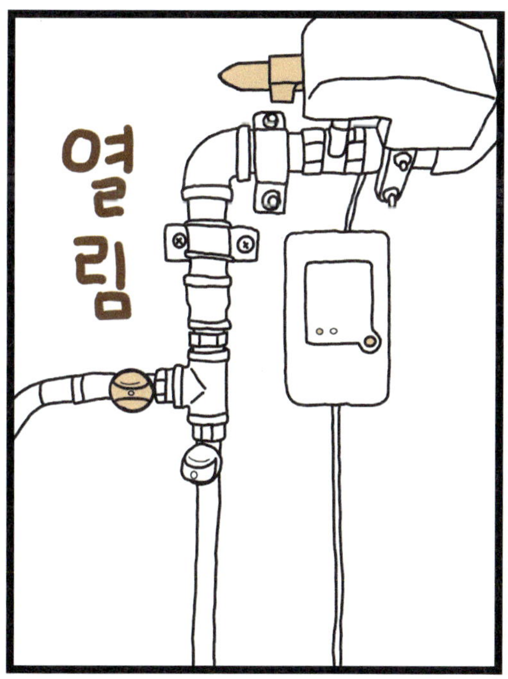

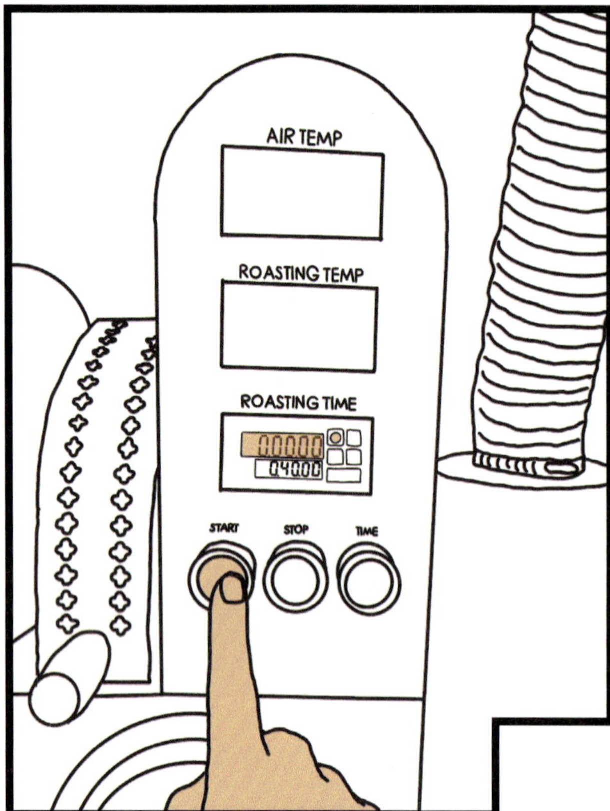

3. 준비됐는지 확인 후 START 버튼 누르기
(시간 리셋 확인)

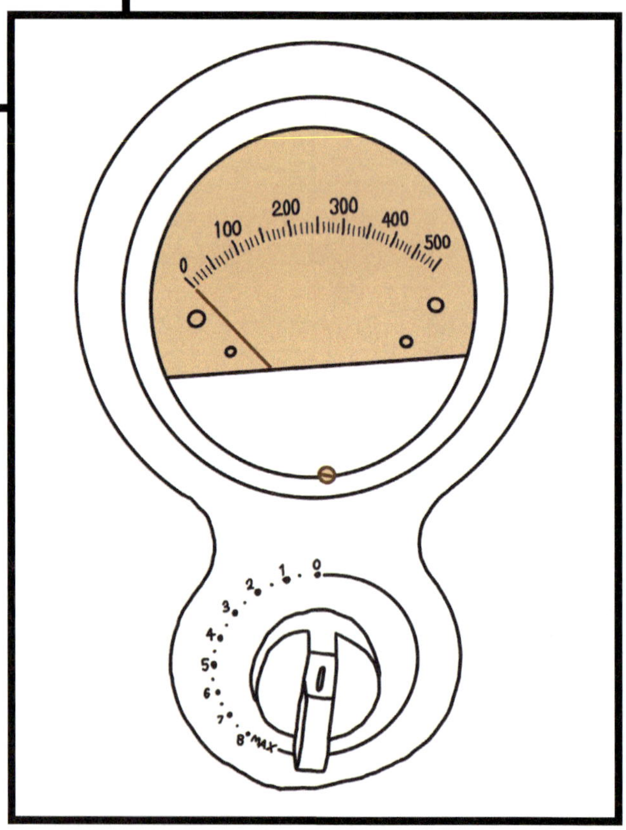

4. 압력게이지 0에 맞추기
(수시로 체크할 것)

5. 딱! 소리 난 후
가스노브를 5초간 켜준다.

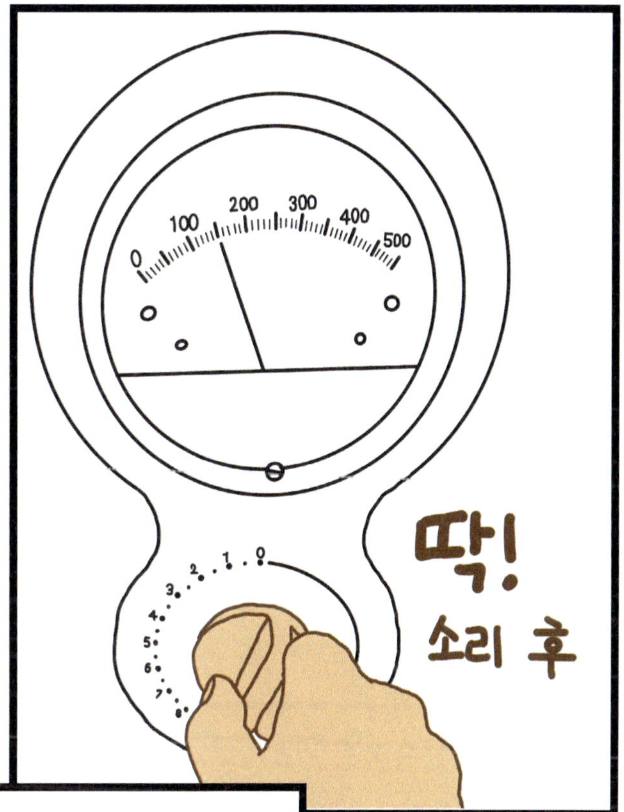

6. 점화가 잘 되었는지 눈으로 확인 해준다.

로스팅

1. 1차예열 목표 온도까지 예열완료 시

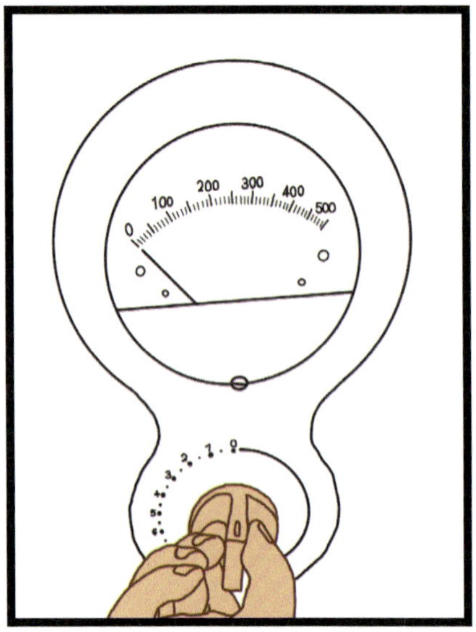

가스노브 OFF

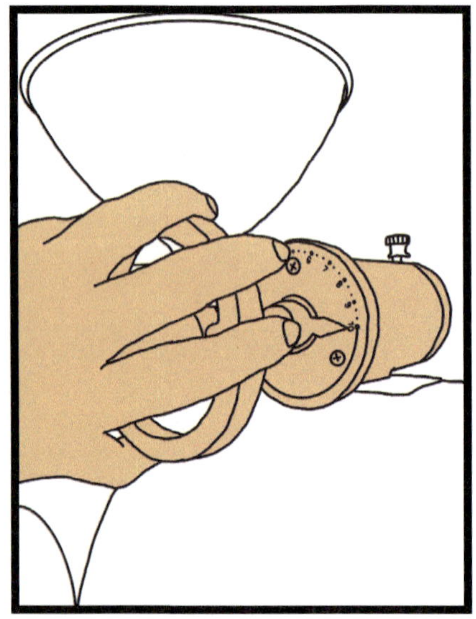

상부댐퍼 10

2. 180도까지 식었을 시

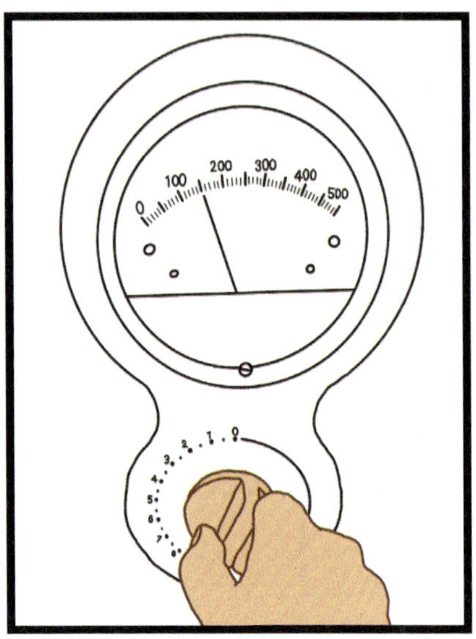

가스노브 ON

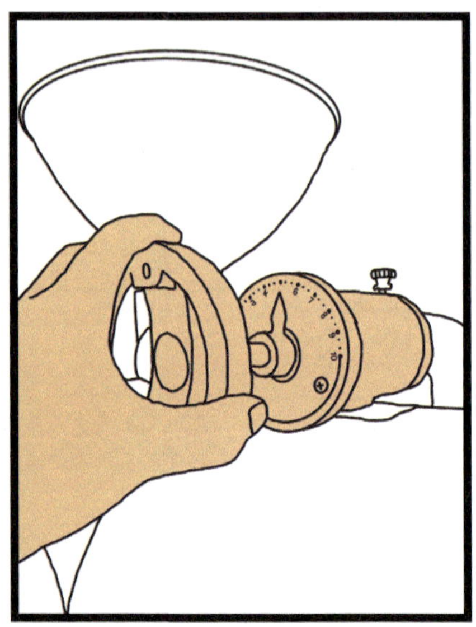

상부댐퍼 5

3. 2차예열 목표온도까지 예열 완료 시

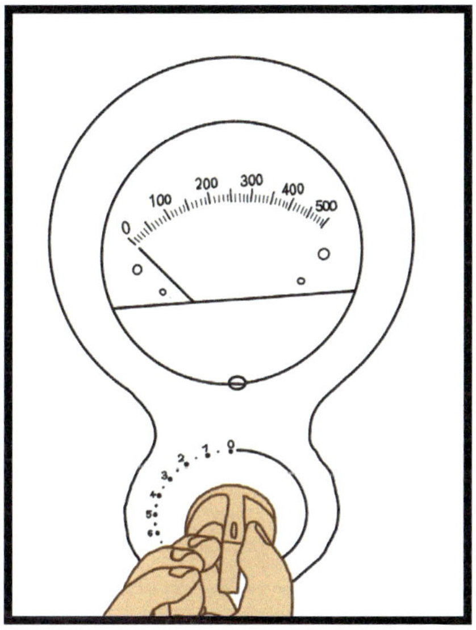

가스노브 OFF

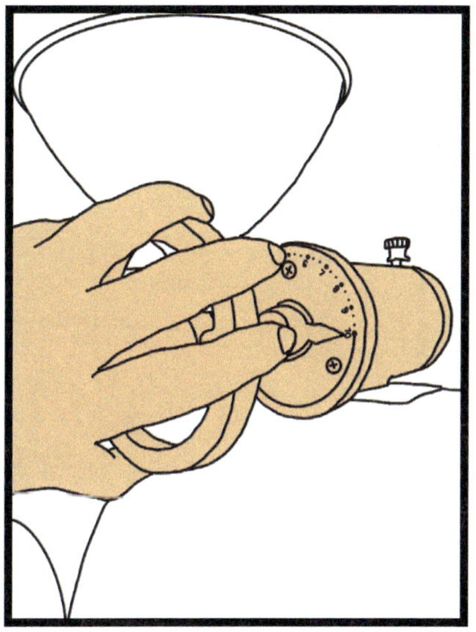

상부댐퍼 10

4. 온도에 맞게 생두투입

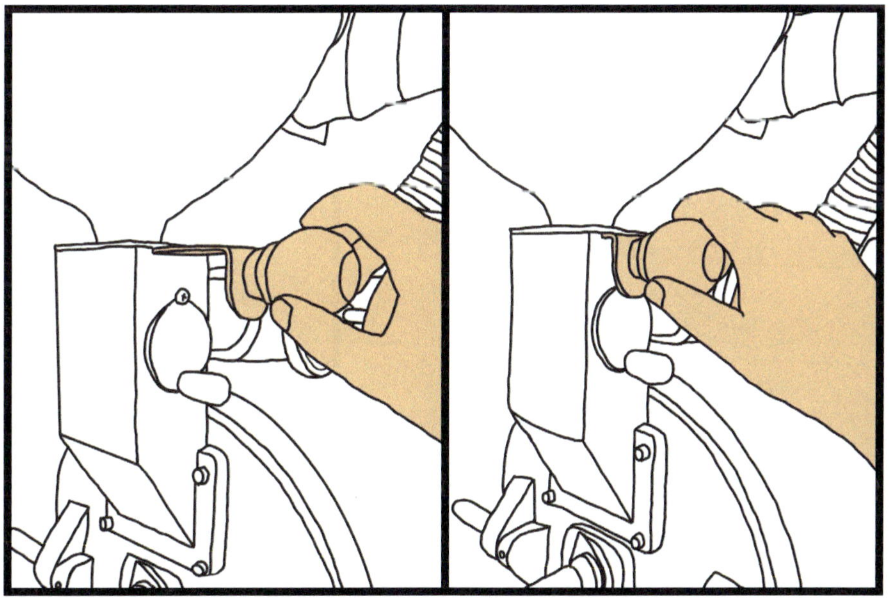

호퍼게이트 열었다 닫아주며 생두 투입

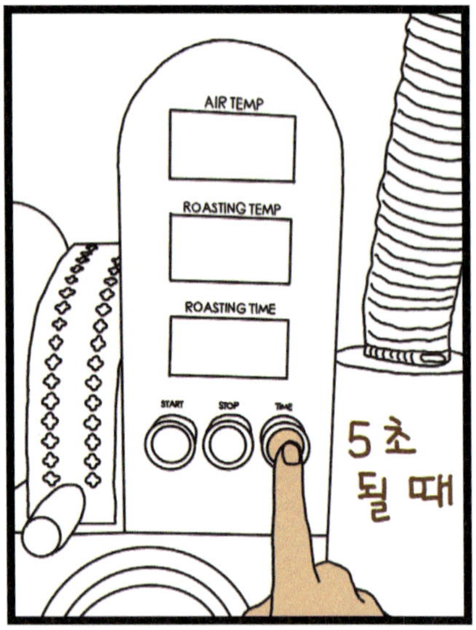

5. 생두투입한지 5초 될 때
TIME 버튼 누르기

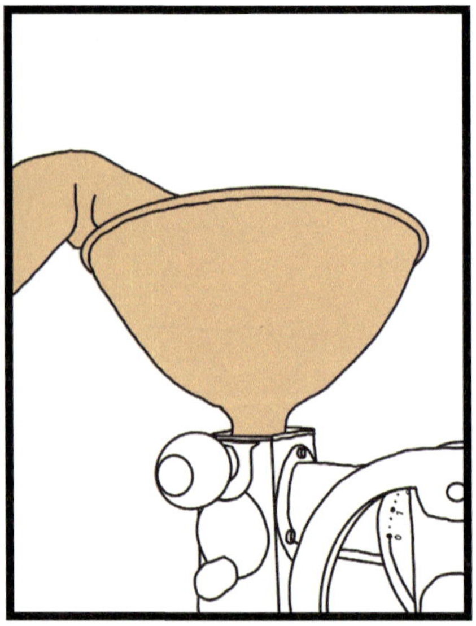

6. 생두 다 들어갔는지
호퍼 손으로 확인

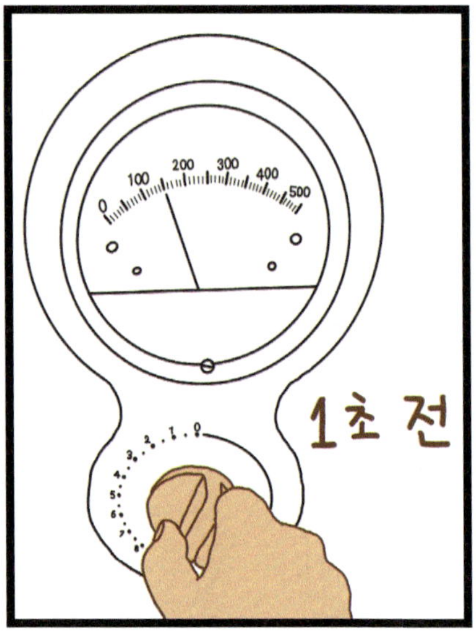

7. 1초 전 재점화 및
정점온도 체크

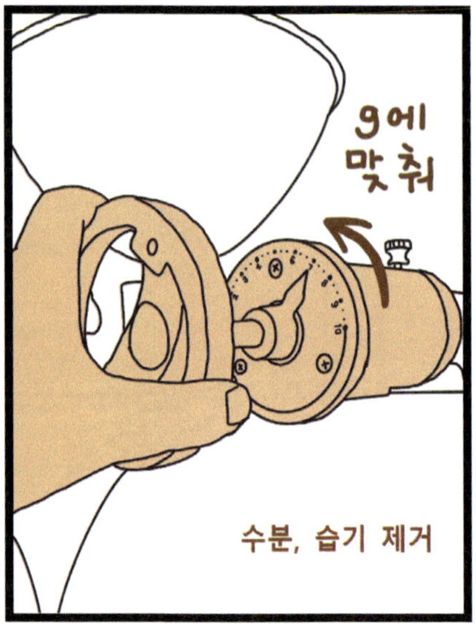

8. 1초 전 상부댐퍼
g에 맞춰 10에서 옮기기

9. 1차 크랙 시

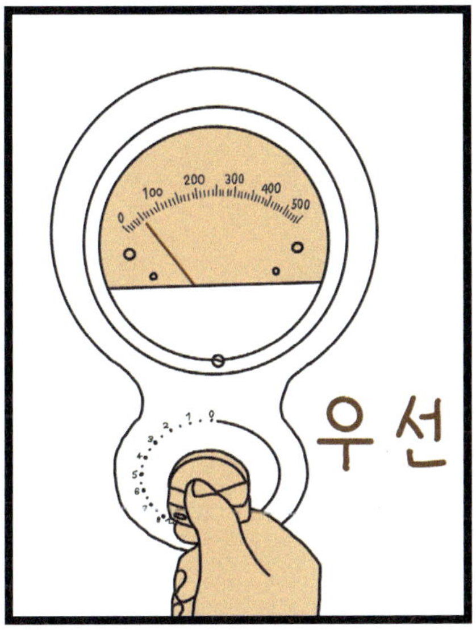

우선 압력게이지 50

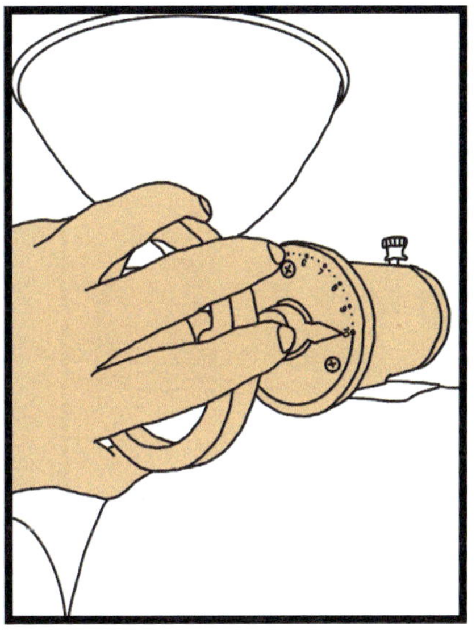

상부댐퍼 10

10. 향 입히기 시

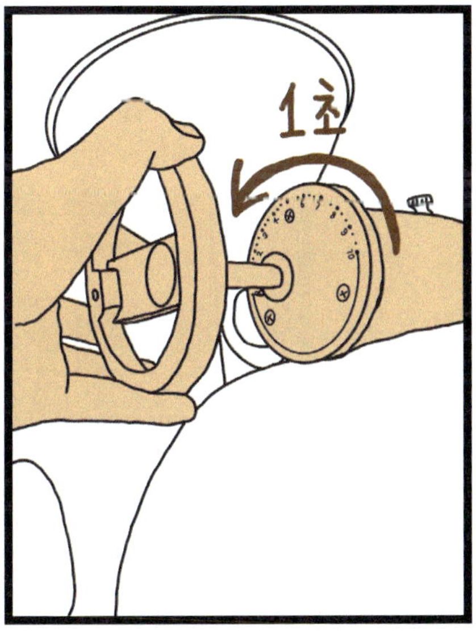

상부댐퍼 10에서 0으로 가서
5초 또는 10초간 머무른다.

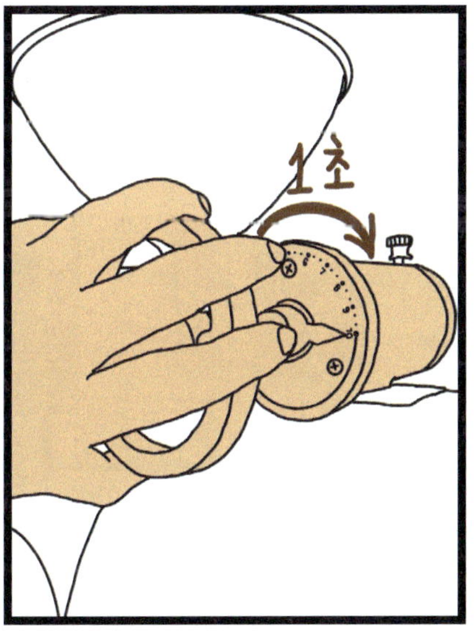

상부댐퍼 0에서 10으로 가서
5초 또는 10초간 머무른다.

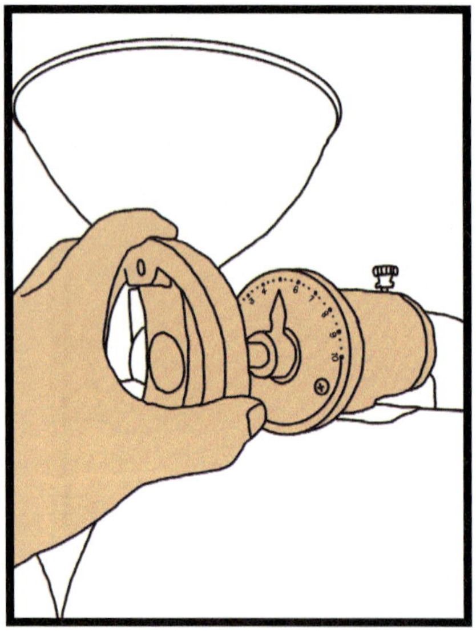

11. 향 입히기 끝난 후 원하는 위치에 둔다.
    대부분 5에 두며,

    향 입히기 중간에 배출 시 상부댐퍼를 5에 우선으로 둔다.

12. 배출 및 체크

배출온도에 다 다르면
재빠르게 하부댐퍼 개방+무게추 열기+TIME 버튼을 누른다.

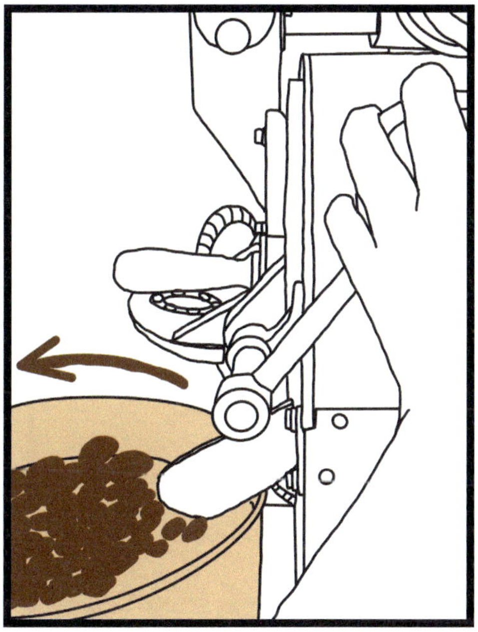

쏟아지는 원두를 넘치지 않게
쿨링트레이를 돌려가며 받아준다.
다 받은 원두를 도넛 모양으로
정리해 완전히 식혀준다.

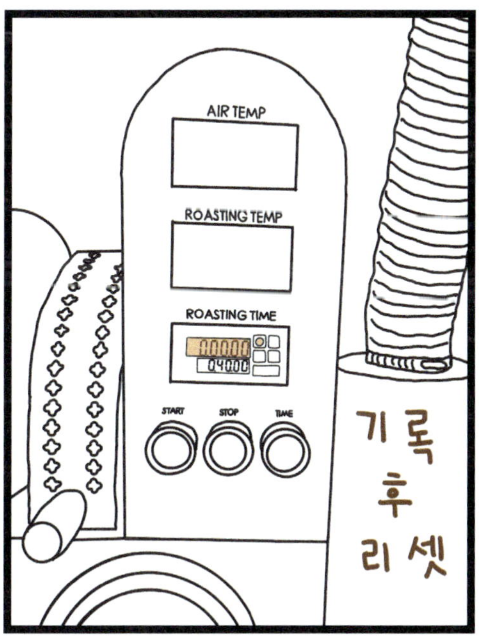

로스팅 시간을 체크한 뒤
리셋 버튼을 눌러준다.

원두가 다 식었으면
하부댐퍼를 닫아주고
원두통에 원두를 옮긴다.

기계끄기

1. 온도 내리기

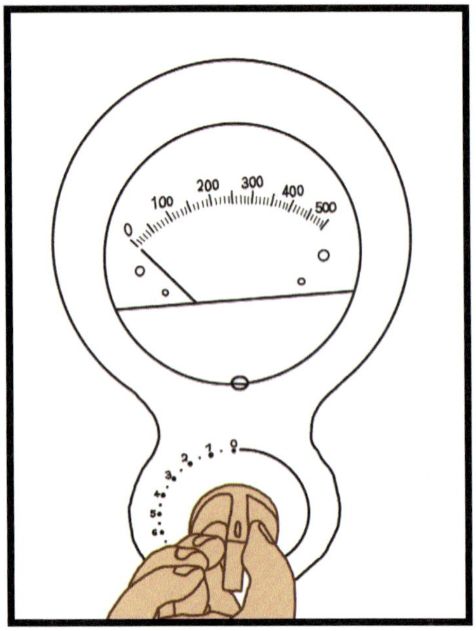

가스노브 OFF

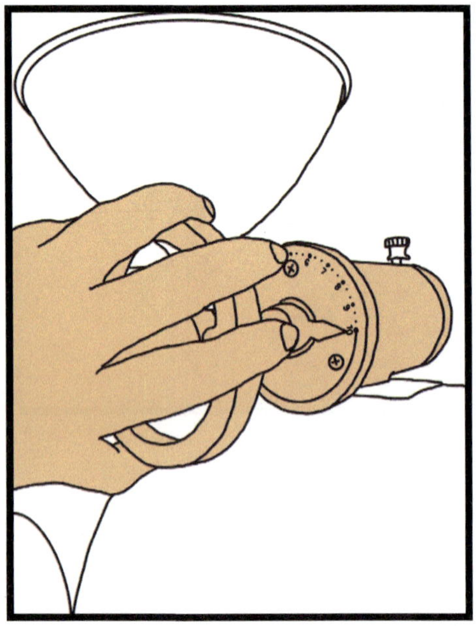

상부댐퍼 10

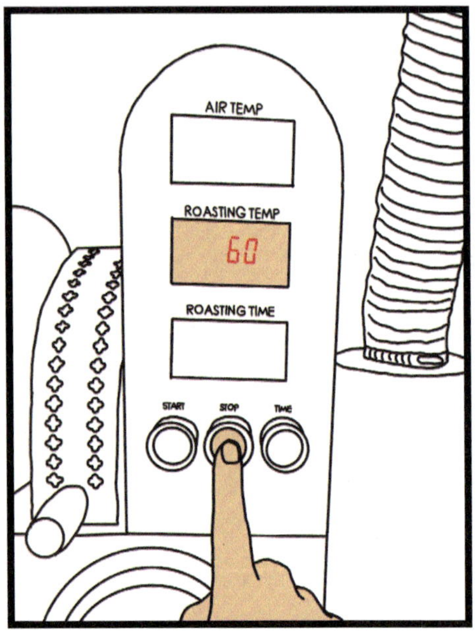

온도 60도대 정도로
낮아지면 STOP버튼 누르기

마무리

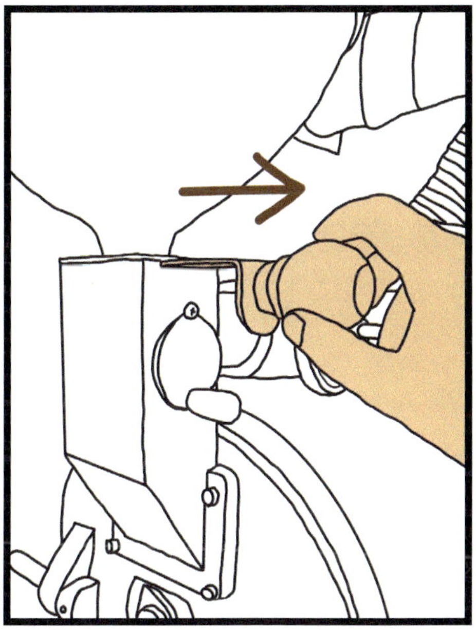

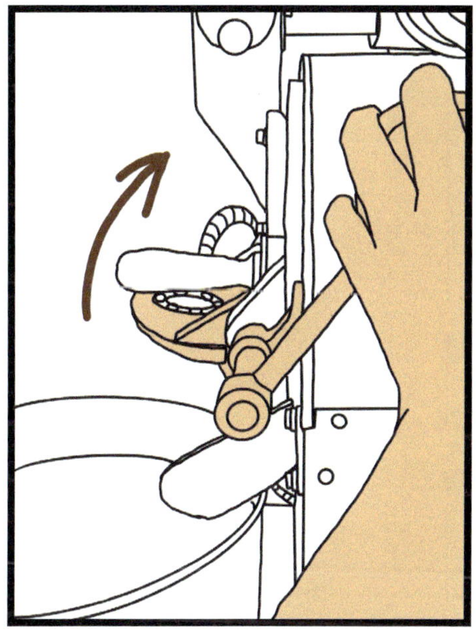

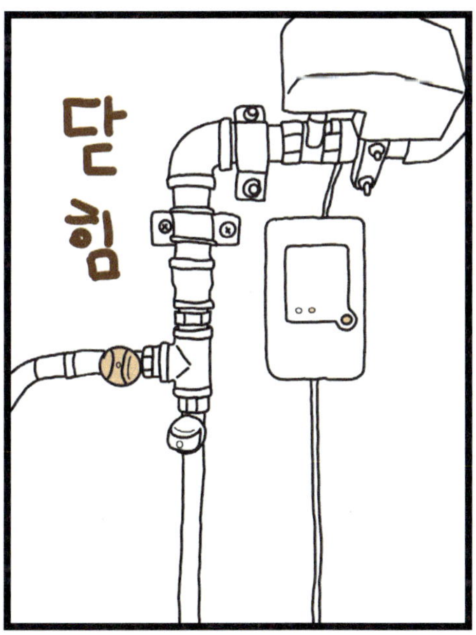

호퍼게이트와 무게추를
열여준 뒤
안전장치와 가스밸브를 닫아준다.

마무리로 청소기를 이용하여
쿨링트레이와 실버스킨서랍,
싸이클론 안을 정리해 준다.

[기계켜기]

1. 기계의 모든 것 닫기 (화재 위험 방지!!)
   (호퍼게이트 밀기(닫힘) + 무게추 내리기(닫힘) + 상부댐퍼 5 + 하부댐퍼 당기기(닫힘))
2. 안전장치 파란 버튼 (노란 빛 + 가로로 열리는지 확인)
3. 가스 밸브 (소형 로스터기) 초록색 가로(열림)로 돌려 확인
4. 준비됐는지 확인 후 START 버튼 (시간 리셋 확인, 압력 게이지 0 맞추기)
5. "딱" 소리 확인(가스가 들어온 신호) 후 가스노브 On (점화) 5초 + 불 눈으로 확인

Check point

가스노브가 꺼져 있을 때
압력 게이지 0 에 맞춰져야
1차 크랙 때
보다 정확한 50의 화력을
주는 등
로스팅 과정에 중요한 역할
을 해줍니다.

[로스팅]

1차예열	가스off , 상부 10
Down	가스on , 상부 5
2차예열	가스off , 상부 10
생두투입	(호퍼게이트 3번 열며) 5초 될 때! Time버튼 ON! (생두 다 들어갔는지, 손으로 호퍼 확인)
정점온도 체크	
재점화	1초전 가스 On (불 확인)
수분,습기 제거	1초전 상부댐퍼 g에 맞춰 10에서 옮기기 (600g=상부6, 700g=7…)
1차크랙	(우선)압력게이지 50 + 댐퍼 10
향 입히기	댐퍼 10에서 시작
	0(5초) - 10(5초) [회] + 0(10초) - 10(10초) [회] + 댐퍼 Stay(대부분 5)
배출 및 체크	하부댐퍼 개방(밀기) + 무게추 개방 + Time 버튼
	향 입히기 중간에 배출 시 상부댐퍼 5 우선
원두 식힌 후	하부댐퍼 닫기(당기기) + 상부댐퍼 5

[기계끄기]

온도 내리기

상부댐퍼 5에서 10

하부댐퍼 닫기(당기기)

가스노브 off

온도 60도대 정도 떨어지면 STOP 버튼

마무리!

무게 추 열기, 호퍼 게이트 열기(당기기)

가스 잠그기 (초록색 밸브 세로 확인 + 파란버튼 초록 불빛 확인)

Check point

원두 쿨링 시
다음 사용자가 없다면
미리 가스노브를 끄고,
가스밸브를 잠가,
상부댐퍼 10에 두고
기계를 식혀도 됩니다.

3. 자료 모음

SCA : Specialty Coffee Association
[스페셜티 커피 협회]

SCA (유럽, 미국)	로스팅 강도	Japan (일본)
Very Light (베리 라이트)	약배전	Light (라이트)
Light (라이트)		Cinnamon (시나몬)
Moderately Light (모더리트리 라이트)	중배전	Medium (미디엄)
Light Medium (라이트 미디엄)		High (하이)
Medium (미디엄)		City (시티)
Moderately Dark (모더리트리 다크)		Full City (풀 시티)
Dark (다크)	강배전	French (프렌치)
Very Dark (베리 다크)		Italian (이탈리안)

	Japan		SCA (미국,유럽)	한국 Korea : 볶는다	로스팅 강도	아그트론 커피 색체계를 기호표시 (숫자)	향미의 변화
1차 크랙 190℃ ~ 200℃	Light	Light	Very Light	최약배전	약배전 한문 (일본, 중국)	#95	풋내, 빵 굽는 냄새
	Cinnamon		Light	약배전		#85	단향, 신향
	Medium	Medium	Moderately Light	중약배전	중배전	#75	신향, 생두의 고유한 향
	High		Light Medium	중배전		#65	
생두 수분함량에 따라 변수가 있다.	City	Medium dark	Medium	강중배전		#55	구수한 냄새, 생두의 고유한 향
	Full City		Moderately Dark	약강배전		#45	
2차 크랙 220℃ 이후	French	Dark	Dark	강배전	강배전	#35	쓴향 증가, 연기냄새(훈현), 향의 감소시작
	Italian		Very Dark	최강배전		#25	

SCA (미국, 유럽) : Specialty Coffee Association 스페셜티 커피 협회 (SCAA(미국) + SCAE(유럽) 통합)

	200~400g	500g	600g	700g	800g	900g	1000g	1100g	1200g
1차 예열	240℃	240℃	240℃	240℃	245℃	245℃	245℃	245℃	245℃
DOWN	180℃	180℃	180℃	180℃	180℃	180℃	180℃	180℃	180℃
2차 예열	220℃	225℃	230℃	235℃	240℃	245℃	245℃	245℃	245℃
생두투입 (5초 될 때 타임!)	210℃	215℃	220℃	225℃	230℃	235℃	240℃	245℃	245℃
재점화 (1초전에 할 것!)	2분	1분 45초	1분 30초	1분 15초	1분	45초	30초	25초	20초
정점 온도 (여름, 겨울 차이남)									
수분·습기 제거 (1초전에 할 것!) (수분 함량에 따라 달라질 수 있다.)	2~4	5	6	7	8	9	9	9	9
1차크랙									
향 입히기									
2차 크랙									
배출									

생두 무게가 정량이 아닐 때?

반올림 해서 재점화 10g = 1초

ex) 545g 〉〉 550g = 600g 기준
= 1분 30초 + 05초
= 1분 35초

ex) 814g 〉〉 810g = 800g 기준
= 1분 - 01초
= 59초

ex) 543g 〉〉 540g = 500g 기준
= 1분 45초 - 04초
= 1분 41초

ex) 272g 〉〉 270g = 300g 기준
= 2분 + 03초
= 2분 03초

Check point

200g~400g
재점화 기준
= 2분

Green Bean Information

◇ Name :

◇ 국가 :
◇ 생산지역 :
◇ 생산날짜 :
◇ 품종 :

◇ 수확시기 :
◇ 등급 :

◇ 스크린사이즈 :

◇ 인증 :

◇ 농장정보 :

◇ 가공방식 :

◇ 재배고도 :

◇ 수분율/밀도 :

◇ 아그트론 :

◇ 커피 노트 :

◇ 생두 무게 : g
⇒ 핸드픽 후 무게 : g (결정두 무게 : g)

◇ 가격 : ◇ 회사명/구매 날짜 :

Roasted Bean taste?

ROASTING

◈ 생두 무게 : g

◈ 최대 가스게이지/시간 :
(보통 150)

◈ 불 색상은 안정적?

◇ 가스 On, 상부댐퍼 (5)로 시작 :

◇ 1차 예열 : ℃ ☞ 가스 off, 상부댐퍼 (10)

◇ Down : ℃ ☞ 가스 on, 상부댐퍼 (5)

◇ 2차 예열 : ℃ ☞ 가스 off, 상부댐퍼 (10)
↓(대부분 -10℃)

◇ 생두 투입 : ℃ ☞ (5초 될 때) Time 버튼 On (생두 다 들어갔는지 확인)

◈ 정점 온도 : ℃

◇ 재점화 : 분 초 ☞ (-1초) 가스 on (불 확인)

◇ 수분·습기 제거 : 분 초 ☞ (-1초) 댐퍼 [10 → (g에 맞게)]

◈ 1차 크랙 : ℃ ☞ (우선)가스게이지(50), 댐퍼(10) / ◇ 2차 크랙 :
(180~200℃)

◇ 향 입히기 : ℃ 댐퍼 (10)에서 시작
☞ 0 (5초) → 10(5초) [회] + 0 (10초) → 10 (10초) [회] + 댐퍼 stay(보통 5)

◇ 배출온도 : ℃ ☞ 하부댐퍼 개방(밀기) + 무게추 개방 + Time 버튼
(향 입히기 중간에 배출 시 상부댐퍼(5) 우선)

◈ 배출시간 : 분 초 ☞ 무게추 닫기 + Time 리셋

◇ 원두식힌 후 : 하부댐퍼 닫기(당기기) + 상부댐퍼 (5)

◈ 로스팅 후 무게 : g (수분 증발 후 차이 : g)

◇ 가스 및 전원차단 : OFF

◈ 날짜 :

책을 마치며

만화로 보는 커피 아카데미

목동에 위치한 커피 아카데미는
나이 드신 분들, 장애를 가진 분들, 창업을 꿈꾸는 청년분들 등 다양한 사람들이 모이는 곳입니다.

그동안 공부하며 정리한 자료들을 조금씩 모으다 보니
"만화책 형식으로 쉽게 만들어 수강생 분들과 공유해보면 어떨까?" 라는 생각에
만들게 되었습니다.

아무리 나이가 많아도, 장애를 가졌어도 배우고자 하는 열정만 있다면
그 누구도 불가능을 능가할 수 있다는 것을 저는 늘 봐왔습니다.

커피는 생각보다 아주 많은 매력을 가지고 있습니다.
저는 커피의 가장 큰 매력을 힐링이라 느꼈습니다.
마음을 치유하기도 하고, 활력을 주기도 합니다.

책을 만들 수 있게 도와주시고, 읽어주신
모든 분들께 감사드립니다.

저자소개 ------------------------ 만화로 보는 커피 아카데미

저자 손여은

상명대학교 졸업
바리스타 1급

만화로 보는 커피아카데미

1판 펴냄 2024년 3월 18일

지은이 손여은
펴낸이 김대명
펴낸곳 니우피블리서
등록 2020년 1월 20일(제2020-000005호)
주소 서울특별시 성동구 한림말5길 11 덕성빌딩
전화 010-9133-5272 | 팩스 02-6305-3639
전자우편 nowpublisher@daum.net
홈페이지 www.nowpublisher.co.kr

ISBN 979-11-7102-042-3 93570

정가 9,500원